JN135958

FAIR SHOT
Chris Hughes
RETHINKING INEQUALITY AND HOW WE EARN
1%の富裕層の
お金でみんなが
幸せになる方法
実現可能な保証所得が社会を変える
フェイスブック共同創業者
クリス・ヒューズ
櫻井祐子 訳
プレジデント社

1%の富裕層のお金でみんなが幸せになる方法

実現可能な保証所得が社会を変える

FAIR SHOT

by

Chris Hughes

何人も「見えない人」として扱われるべきでないと教えてくれた
両親、レイ&ブレンダ・ヒューズに捧げる

はじめに

「フェイスブック共同創業者」にして「オバマを大統領にした若者」

二〇一三年五月、僕はアトランタの屋内競技場、ジョージア・ドームの中央に設けられた木製ステージの演壇の横に立ち、ジョージア州立大学の学長が、その年の卒業式に列席した学生とその家族、計二万人の聴衆に僕を紹介してくれるのを聞いていた。

「クリスは二〇〇四年に起業家としてキャリアを開始し、ハーバード大学のルームメイトとともにフェイスブックを設立しました」と彼は言った。「二〇〇七年にはバラク・オバマの選挙キャンペーンでオンライン戦略の指揮を執りました」。学長はあといくつか僕の業績を挙げ、聴衆は割れんばかりの拍手で応えた。僕は自分の人生で最大の観衆にスピーチをするために演壇に上がった。一瞬、ロックスターになったような気分を味わった。

そんな栄光もつかの間のことだった。二〇一二年に、僕は一〇〇年ほどの歴史をもつ雑誌

『ニュー・リパブリック』を買収し、この由緒ある組織を導き、デジタル時代における印刷媒体の新しいビジネスモデルを見出そうとした。それまでの華々しい成功から一転、このときの失敗は深刻で明白で早かった。僕は過剰投資を行い、現実味のない目標を設定し、困難な転換を進める忍耐力に欠けていた。一年後、かつて賞賛された僕のデジタルスキルや手腕は、『ワシントン・ポスト』や『バニティフェア』で僕をペテン師呼ばわりする輩の目には何の価値もなくなっていた。

これが転機になった。僕に長年注がれていた表面的な賛美は、本物の僕ではなく、人が僕にこうあってほしいと思う虚像に向けられているという疑念は、確信に変わった。人は「フェイスブック共同創業者」という肩書きを見て僕を天才だと思い込んだ。ビジネス誌の『ファストカンパニー』は、「オバマを大統領にした若者」という見出しをつけて、僕を表紙に載せたりもした——まるで僕がたった一人でやってのけたかのように。砂上の楼閣が崩れ始めると、僕の物語の「運の力」だけが注目され、それ以外のすべてが無視された。僕は一夜にして時代の寵児から、マーク・ザッカーバーグの幸運なルームメイトに転落した。

真の姿は、この両極端の間のどこかにある。幼少期、僕の物語はまるでアメリカンドリームの映画のように展開した。僕はノースカロライナ州の小さな町の中流階級の家庭に育った。勉学に励み、奨学金を得て有名な進学校に通い、ハーバード大学へ進んだ。二年生のときにルームメイトとフェイスブックを立ち上げ、この会社とのちのオバマの選挙キャンペーンでの成功で、持ち上げられたり叩かれたりした。フェイスブックのＩＰＯ（新規株式公開）で莫大な資産を手にした。出世の階段を駆け上がり、与えられたすべてのチャンスをものにした。そして僕はとても幸運だった。

幸運といっても、マーク・ザッカーバーグのルームメイトだったことだけじゃない――それよりずっと大きな力が働いていた。

普通に努力家だった僕が「超富裕層」になれた三つの要因

過去四〇年間にアメリカで下されたさまざまな経済的・政治的決定が、「一％の人たち」とひとまとめに呼ばれる少数の幸運な人たちに、空前の富をもたらしている。この国は、グローバリゼーション、急速な技術進歩、ファイナンスの成長という三つの強力な経済発展の要因を生み出し、支えてきた――この三要因が、ラリー・ペイジやジェフ・ベゾスなどの大富豪の台頭をもたらしたのだ。

僕らの会社が寮仲間のアイデアから数千億ドル規模の資産をもつまでに成長したのは、アメリカが爆発的成長を生み出す豊かな環境を企業に提供しているからだ。グーグル、アマゾン、フェイスブックが極端な例だとしても、そうした企業が少数の選ばれし者にもたらす莫大な富は、世間で考えられているほどまれなものではない。

アメリカの不平等は、いまや世界大恐慌が始まった一九二九年以来最悪の水準に達し、今後も悪化の一途をたどると見られる。巨大企業と富の集中を生み出したまさにその環境の下で、労働者は経済機会から本来期待できるはずの利益をますます得にくくなっている。データによれば、アメリカ人は以前と変わらず勤勉に働いているのに、暮らし向きはまるで楽になっていない。ほとんどのアメリカ人が、自動車事故や入院などの、たった四〇〇ドルの緊急出費も捻出できないのに、僕は三年間の労働で五億ドルを手にした。そんなことが可能になる社会はどこかが根本的にまちがっていて、それは解決されなくてはならない。

われわれがいま足を踏み入れようとしているのは、鉄道王や海運王が空前の財を成した二〇世紀初頭のような騒乱の時代だ。あの進歩主義時代の先進的なリーダーたちにならって、われわれも斬新で新しいアイデアを広く取り入れなくてはならない。彼らは所得税を導入し、上院議員の直接選挙を施行し、選挙運動への企業献金を禁止し、女性に参政権を与え、最低賃金や老齢年金のような労働者保護の下地づくりを進めた。極端な不平等を解決するためにいま求められているのは、こうした大胆な施策だ。

富の格差の最も有効な解決策は、最もシンプルなものである。

すなわち、最も必要とする人たちに現金をわたす。

この「保証所得（ギャランティード・インカム）」という手法は、革新的で、なおかつきわめてわかりやすい考え方だ。年収五万ドル未満の世帯の成人労働者に、月五〇〇ドルの最低所得を保障すれば、九〇〇〇万人のアメリカ人の生活を改善し、二〇〇〇万人を一夜にして貧困から救うことができる。▽1 賃金労働者だけでなく非正規労働者――幼い子どもをもつ親、高齢の親の介護をする人、学生など――にも分け隔てなく現金が給付される。そしてそれを負担するのは幸運な「一％の人たち」でなくてはならない。

この本が、なぜアメリカに保証所得が必要なのか、どうすればうまくいくかについての幅広い対話のきっかけになることを願っている。われわれの世代でこの国の貧困を終わらせ、中流階級に経済的安定と経済機会を与えることは可能なのだ。

この本はノースカロライナの小さな町からハーバード大学に進み、フェイスブックの驚異的台頭を経ていまに至る僕の人生の旅をたどるものでもある。僕が初期の「成功」に伴う責任にどう向き合ったのか、どのような経緯で保証所得の考えを支持するようになったのかを語ろう。

保証所得への旅は、ブログ記事やオンラインフォーラムを読むことから始まった。今日の経済のひずみを正すうえで何が有効で何が有効でないかを模索するために、ケニアを三度訪れ、オハイオ、ミシガン、ノースカロライナ、カリフォルニア、アラスカなどの地域社会を回った。

格差問題を本気で解決するつもりなら、まずは公平性と経済機会に関する正直な対話から始めなくてはならない。それがどんなに気まずく、つらい対話だったとしても。

この本が、仕事と富が必ずしも結びつかなくなっている現状について、とくに保証所得が労働者の生活に安定と機会を取り戻せるかどうかについての率直な議論の叩き台になることを願ってやまない。

「誰もが前の世代よりも少しよい暮らしができる」という希望をわれわれは守り育てていく責任がある。いつの頃からか、このアメリカンドリームが現実よりも神話に近くなってしまったが、誰もが夢を追求する公平な機会をもてる国を構築できるかどうかは、われわれ全員、とくに現状から最も利益を得ている幸運な人たちにかかっている。

1％の富裕層のお金で
みんなが幸せになる方法

CONTENTS

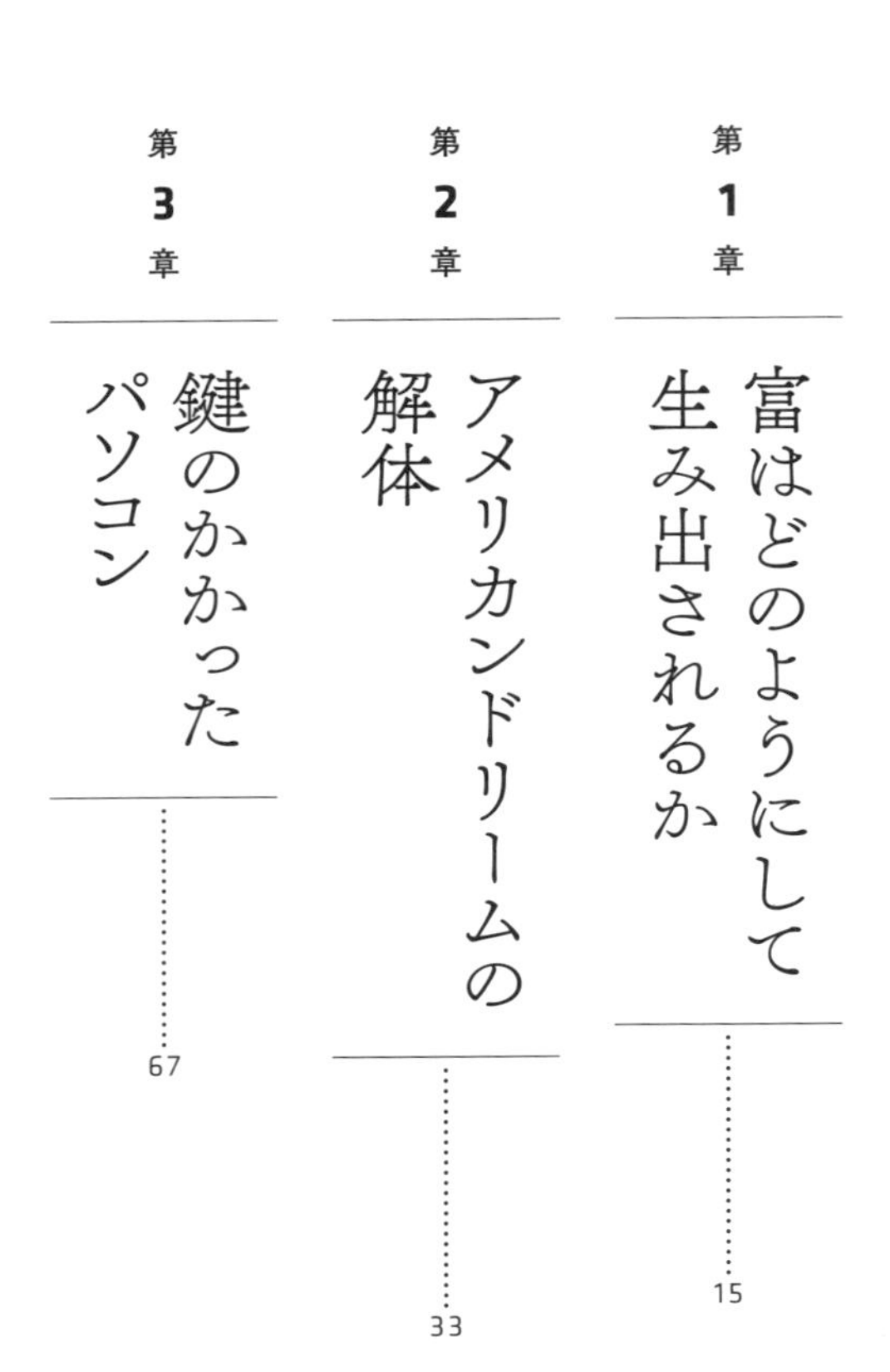

CONTENTS

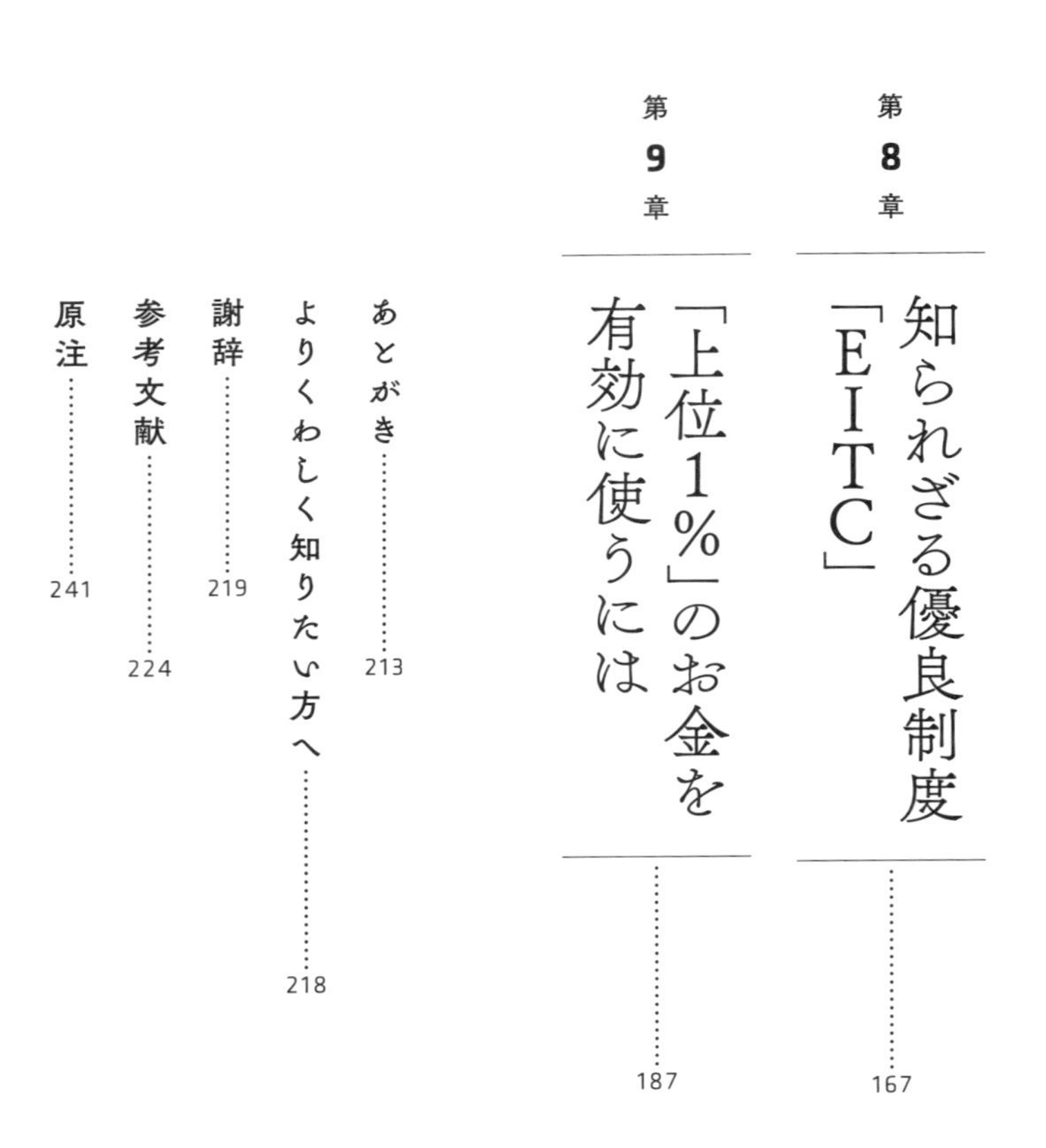

第 1 章

富はどのようにして生み出されるか

How It Happens

セールスマンの父と教師の母

僕の父は、ノースカロライナ州マウント・エアリーにあるカントリークラブの敷地内で育った。ここは一九六〇年代の人気コメディ番組『メイベリー110番』の舞台になった町だ。父は大恐慌の初期に生まれ、一〇歳になるまで小さなクラブハウスの裏の一室に両親と住み、薪ストーブで暖をとるような生活をしていた。父の父はクラブのマネジャー兼グラウンド管理人、父の母はプロショップの店員をしていた。父は子ども時代、ゴルフ場のキャディとして働き、ゴルファーに愛される術（すべ）を身につけた。成人して工業用紙の巡回セールスマンになると、その魅力を活かして顧客の心と懐をつかんだ。

現在八五歳の父は、努力してアメリカンドリームを実現し、家族に住まいと安定した収入、中流階級の暮らしを与えることができたと自負している。それゆえ、アメリカに保証所得が必要だという僕の主張には懐疑的だった。

僕自身は、人生を通して父と正反対の結論に導かれた。フェイスブックでの成功体験から、誰を大学の寮のルームメイトに選ぶかといった、一見ささいな決定が、その後の人生にとてつもない影響をおよぼし得ることを知ったのだ。

父と僕が最終的にどうやって共通の認識を得たかを説明するために、まずは僕が育った環境と、僕の人生をとんでもない高みにまで舞い上がらせたロケット船、フェイスブックの成功について語ろう。そのうえで使途に制限のない現金給付が人々の人生をどれほど強力に変えるかについて論じたい。

僕らの一族は代々ノースカロライナ州とバージニア州に暮らしてきたが、南部の地主階級(ジェントリー)の血筋ではない。母は田舎の大きな農家の一族の出で、先祖はアメリカ独立戦争の前にドイツから移住してきたルター派である。彼らはその後の二〇〇年間を、アパラチア山脈のふもとの石ころだらけの畑を耕してすごした。母の両親は農場を離れ、地元の織物工場で働き始めた。父も母も、一族で初めて大学に進学し、卒業すると条件のよい安定した仕事に就き、退職するまでフルタイムで働いた。母は公立学校の教師で、父は田舎町の印刷業者を相手に工業用紙の営業をしていた。二人が落ち着いたのは出身地にほど近い、ノースカロライナ州ヒッコリーだ。親たちが年老いると、二人は当然のように彼らの暮らしを支え、生活費を負担した。一族の誰よりも親の力になれることを喜んだ。

僕が五、六歳になるまで、わが家はヒッコリー郊外の新エルサレム教会に通っていた。教会は尖塔のある簡素な赤レンガの建物で、曲がりくねった二車線の田舎道を外れた小高い丘の上にあり、牧師家族が道をはさんだ向かいの小さな牧師館に住んでいた。身廊のステンドグラスの絵はまるで素人仕事で、木の信徒席は通販の商品のように安っぽかった。でもそんなことは誰も気にしなかった。新エルサレム教会の礼拝者は、喜びを分かち合う方法を知っていた。週例の夜の親睦会では、楽しげに笑い、抱き合う姿があちこちで見られた。お手製のポテトサラダやフライドチキンの皿を分け合い、最新のうわさ話を交換し、グループで祈りを捧げた。日曜礼拝のあと、信徒は消防署のような真っ赤なドアを出て、前の芝地にたむろし、その日歌った賛美歌や日曜の夕食の献立などについておしゃべりをした。僕は礼拝のあとの日だまりですごす時間が大好きだった。大人たちの脚の迷路をぬって友だちと鬼ごっこをしては、どこよりも安心できる母のドレスのひだに隠れたのを思い出す。父が教会評議会員を務めていたときは、牧師の奥さんが本を読むことを教えてくれた。新エルサレム教会は第二のわが家のようだった。

教会での違和感

僕が一歳の頃、郊外の牧場風の木造平屋から、町中のフェンスで囲まれた小さな一軒家に引っ越した。ここには裏庭もあって、僕たちは小さな菜園をつくり、コリー系雑種の愛犬スモーキーに芝を食べさせた。三人家族でも手狭だったが、僕は自分の部屋をもらえたし、庭に面した奥には小さなサンルームがあって、夏にはそこで手回し式の機械でピーチアイスクリームをつくるのが楽しみだった。町には南部らしい美しい通りがあり、前庭にモクレンの木が植わり、裏庭には藤の蔓が絡まる豪邸が立ち並んでいた。わが家はそこから一ブロック離れたところにあった。つつましい暮らしだったが、心は豊かで充実していた。

この地域に引っ越したために、新エルサレム教会からは遠くなった。しばらくは車で長時間かけて通っていたが、僕が小学校に上がると、近くの町で最も大きく最も裕福な三位一体教会に通い始めた。父と僕はスーツ、母は晴れ着を着て、毎週歩いて通った。三位一体教会は僕らの生活に溶け込み、日曜日はほとんど欠かさず礼拝に行った。だがそこは僕ら家族にとって場違いなところでもあった。通りにそびえ立つ教会は冷たい石の床の壮大な建物で、教区民は裕福さを何かと見せつけてきた。彼らは教会のエリート志向を好み、僕らのような新参者に特権意識を振りかざすことでそれを保とうとした。ホールでは微笑みかけてくるのに、立ち止まって話したり夕食に招いてくれたりすることは一度もなかった。

日曜学校では友だちが二人できたが、政府が運営する放課後プログラムの友だちと遊ぶ方がずっと楽しかった。毎日放課後に体育館に行って、宿題をしたり遊んだりしながら二時間ほど自由にすごした。僕以外のほとんどが有色人種の子どもで、金持ちは一人もいなかった。母は毎日、放課後に授業計画を書き終えてから、五時頃迎えに来てくれた。

僕らは規則正しい生活を送っていた。毎朝毎晩、母のつくった食事を食べ、月に一度、土曜日に外食した。夜はたいてい同じ通り沿いに住む祖父母の顔を見に行き、教会帰りにＫＦＣのテイクアウトを一緒に食べた。週末は芝刈りや雨どいの掃除、掃除機かけなどの山のような家事をこなした。母は新聞の日曜版からいつもクーポンを切り取っていた。時々冷凍食品のストーファーズの工場に行き、安い不合格品を大量に買った。質素な暮らしだったが、やりくりできるだけのお金はいつもあった。

両親は、自分たちに開かれることのなかった扉の鍵を僕が手に入れられるよう、懸命に働いてくれた。僕は八才頃「英才児（ギフテッド）」——南部の小さな町では裕福な白人を指す符号だ——のクラスに入ることになったが、そこにいる金持ちの子どもたちとも、放課後クラスの仲間ともうまくやっていくことができた。新しい友だちと仲よくなって両親を喜ばせ、気の置けない友だちとも遊び、誰にも愛されようとして、自分がカメレオンになったような気がした。

「アメリカ最高の高校」に入学

成長するにつれ、僕は白人の裕福な子どもの集団に順応していったが、彼らの特権には最初から疑問をもっていた。両親が一〇代の頃にはけっして招待されることのなかったスポーツチームに入り、社交マナーのクラスにも参加した。だが放課後プログラムのほかの子たちは、僕と同じくらいできても、ギフテッドや社交マナーのクラス、スポーツチームに招かれることはなかった。彼らの親は白人の教会に属していなかったし、日曜礼拝のたびに学校長の近くの席に座ることもなかったからだ。

僕は白い肌のおかげで上流階級に溶け込み、それなりの特権を得たが、それでもヒッコリーのエリート層の一員でないのは明らかだった。僕らはオールズモビルに、山の手の人たちはレクサスに乗っていた。僕らは信心深く、毎晩家族で夜の祈りを捧げた。夏になると金持ちはカントリークラブのプールに行き、僕らはＹＭＣＡのプールに通った。僕は両親が望んだ社会階級に少しずつ足を踏み入れながらも、そこが本当の居場所でないことを知っていた。

一〇代になり世の中がわかってくると、やり場のない怒りに襲われ、父を鼻であしらう男たちや、母をブリッジや夕食会に誘おうとしない女たちから二人を守りたいという気持ちに駆られた。

一四歳の高校受験の頃には、何をしても心が休まらなくなった。学校ではクラスのトップで、友だちも数人いたが、僕と同じこと――クラシック音楽、宿題、それに本――が好きな仲間はほとんどいなかった。それにまだはっきりとは自覚していなかったが、僕はゲイで、しかもそれが大問題になるような土地にいた。

両親は僕にやりたいことをなんでもやりなさいと言って育ててくれた。僕はその言葉に従い、誰もが本棚の一番分厚い本を競って読むような高校、ヒッコリーとは違う、オープンで寛容な文化のある高校に行こうと思った。そんなある日、インターネットの検索エンジン（当時グーグルはまだなかった）で「アメリカ最高の高校」と入れると、天国のような学校が見つかった。

緑豊かなキャンパスに、笑顔の生徒たち、天井高くまで本がぎっしり詰まったオックスフォード式の図書室。どの学校にもゲイのグループがあり、卒業生の多くがイェールやハーバードに進んでいる。僕は行ったこともないリベラルなニューイングランドの寄宿制学校に出願した。いい加減な気持ちではなかったが、高望みだということはわかっていた。両親は、これも神の思し召しなのだろうかと訝りながらも静観していた。

結果として、出願したすべての学校から合格通知をもらった。フィリップス・アカデミー（アンドーバー）は、学資援助制度を用意してくれたが、それでは足りなかった。両親は僕の大学の学費として、二人にとっては大金の四万ドルを貯めていたが、その額はアンドーバーでかかる学費その他の一年分にも満たない。たとえ学資援助を受けたとしても、大学に入る前に全額を使い果たしてしまうだろう。僕は入学事務担当の代理人に掛け合い、事情を説明した。すると彼らは電話をくれて、学費はほぼ全額免除になった。両親は一人息子をこんなに早く手放すことを不安に思い尻込みしたが、それでも送り出してくれた。

カミングアウトとハーバード

キャンパスに到着したのは、のどかな美しい秋の日だ。ボストンのローガン国際空港から一九ドルのスーパーシャトルに相乗りした。青いバンが学校の前に止まったとき、秋の日差しを浴びた緑豊かな広い芝地を初めて見た。スーツケースを引きながらバンを降り立った僕は、周りからひどく浮いて見えたことだろう。金融業界の親に避暑地で買い与えられた白いポロシャツに褐色の半ズボン、ペニーローファーを合わせたティーンエイジャーの集団に一人迷い込んだ、南部出身の敬虔な隠れゲイの奨学生だった。

僕にはアメリカのエリート層の子弟たちと、共通の話題も関心もなかった。彼らはニューヨークやロサンゼルス、シカゴ、ボストンの最も富裕な地区の一流私立校から来ていた。みんな感じがよく、面と向かって僕をからかいはしなかったが、僕に興味をもって一緒にすごしてくれることもなかった。

寮ではニューヨーク市にほど近い高級住宅街コネチカット州グリニッジから来た、引っ込み思案なルームメイトと同室になり、友だちをつくろうと必死で努力した。それからの数カ月間、四つある食堂のどこかで一緒に食事をする相手を探すという恐ろしい苦行に励んだ。一つは花形の生徒の集まる食堂、二つめは運動系、三つめが演劇系の生徒、四つめが教職員とその子弟、そして一匹狼や友だちのいない奴が集まる食堂だ。一つひとつ試したが、トレーを持ってグループに加わっても、何を話せばいいのか、どんな人間を演じればいいのか見当もつかない。のけ者にされるのが怖くて、凍りついたように何も話せずに終わるのが常だった。そのうち食事を抜き始め、寮の地下の自販機で買ったお菓子やスナックで空腹を満たすようになった。

僕は両親が思い描いたよりずっと早くカントリークラブ入りを果たしたが、だからといってそこに溶け込んでいたわけではない。潤沢な学資援助制度のおかげで、一夜にしてアメリカ社会階層の最上位に躍り出たが、しょせん彼らの「仲間」ではなかった。僕は溶け込もうとする努力に背を向けた。ヒッコリーでくすぶっていた権力や権威、金持ちに対する怒りが、一気に噴出した。安いタバコを吸い、話の合う奨学生を探した。だが僕には人を引きつけるような個性も魅力もなく、結局はずっとそうだったように、こみ上げる怒りを勉学に向けるしかなかった。孤立の屈辱に負けて家に戻るつもりなどさらさらなかった。最良の教育にデザイナーブランドの服、生まれながらの特権に恵まれた奴らを一人残らず負かしてやる。僕は、板張りの図書室の静かな自習室に一人こもった。

そのうちにコツがわかってきた。土曜の夜には人類学者気取りで学校のダンスパーティーをのぞき、みんながどんなふうに振る舞っているのかを観察した。寮の仲間が部屋を気安く行き来したり、食堂で待ち合わせたりする様子も注意深く見て真似をした。こうしてコツをつかむと、二年生の終わりには南部訛りも宗教も忘れていた。勉強漬けのおかげでトップ層と肩を並べ、学生新聞の編集に携わり、気の合う友人を見つけた。翌年もう二人の親友を得た。三年生の秋にゲイを公表し、別の学資援助を得てハーバードに入学した。このときはもう、大学と交渉する必要はなかった。

ザッカーバーグとルームメイトに

高校を卒業した夏、三人の友人と一日二〇ドルの予算でヨーロッパをバックパックで回った。ローマではボッティチェリの絵画を鑑賞し、フランスではコーヒーの正しい注文の仕方を学んだ。その秋ハーバードに入学したときの僕は、完全無欠の超一流校出身生の一人だった。相変わらず実感はなかったが、父が教えてくれた「役回りを演じる」方法は心得ていた。僕は一八歳にして、自分がヒッコリーの友人やハーバードの仲間に、成功者として見られるのを自覚していた。アメリカン・ドリームを体現する「自力型」の成功者だ。

そしてフェイスブックの成功によって、この物語はパワーアップする。大学二年生のとき、僕はたくさんいた女友だちと同じ寮に住めるように、一年生のときに出会った友人のマーク・ザッカーバーグとルームメイトになることにした。ダスティン・モスコビッツとビリー・オルソンが偶然もう一方のペアになり、この四人でカークランド・ハウスの一続きの部屋をシェアした。僕らは仲よくやっていたが、絆の固いグループというわけではなかった。マークはその秋いくつものプロジェクトを立ち上げた。授業のための学習ガイドや、ハーバードの女子学生の顔写真を格付けする「ホット・オア・ノット」もその一つだ。マークはこの悪名高いウェブサイトをつくったかどで大学の規律委員会に呼び出された。

二〇〇四年の初め、マークは「学生本人に登録させるオンライン版の名簿」という、新しいプロジェクトの構想を語り始めた。マークと僕は、フィリップス・エクセターとフィリップス・アンドーバーという、同じ一族の別々の分家が創設した全寮制のライバル校の出身だ。どちらの学校も、「フェイスブック」と呼ばれる紙版の写真名鑑を発行している。これは両校の間のどこかの店で印刷される、生徒の氏名と身分証明書の写真、出身地、入学年度、卒業年度だけを載せた、スパイラル綴じの名簿だ。名簿は寮でのうわさ話の格好のネタだった。

ルックスが一番いいのは誰だ？　こいつはゲイか？　こいつは学校を追放されずに一年を終えられるのか？

その冬僕らがハーバードで立ち上げたデジタル版のフェイスブックは、実際にはこの写真名鑑を真似てつくったものではなかったが、他人の情報を見てみんなでああだこうだ言いたいという欲求に訴えるという点では同じだった。そして何より大事なことに、自分の写真を変えられない紙版とは違って、フェイスブックは自分が一番いいと思う――少なくともその時点で自分がこう見られたいという――プロフィール写真を自分で選ぶことができた。初期にフェイスブックへの熱狂が定着したのはこのためだ。誰がプロフィールを更新したのか、どこを変えたのかをいち早く知り、なぜ変えたのかをあれこれ推測するためには、クリックしまくる必要があった。

僕らが公開したフェイスブックの最初のバージョンは、必要最底限の機能しかない簡素なサイトで、当時人気のあったSNSのフレンドスターに似ていたが、ハーバードの学生限定という点が違っていた。ユーザー番号四番がマーク、五番が僕、六番がルームメイトのダスティンだ（一〜三番はテストアカウント）。友人たちにメールを送って参加を呼びかけ、三週間で六〇〇〇人の学生が登録した。ロケット船は飛び立ち始めた。

マークがサイトの構築と他大学への開放に向けて、ダスティンの協力を要請する間、僕はハーバードと新しく加わる大学向けのプロモーションを準備し、メッセージングや初期のニユースプロダクトといった、サイトの主要機能のデザインを手伝った。グループのなかでただ一人技術系でなかった僕は、サイトが正しく使われ、意図した印象を与えるように心を砕いた。機能の改良やインターフェースの改良をできる限り手伝い、記者に事実が伝わるように努めた。この頃の僕にとって、フェイスブックは主に楽しむためにやっていた課外活動で、世界を変えるというより、ただルームメイトと仲よくなれればそれでよかった。急激に成長するさまを見ているのはまるでゲームのようだった。

だがマークだけは、初めからほとんど宗教的ともいえる次元でフェイスブックを語った。彼にとってそれは世界全体を「よりオープンでつながったものにする」ための手段だった。「大学生の若者向けのSNS」などと呼ぶ記事が出ると、自分の壮大な野心をまるで理解していないと言って苛立った。マークは新しい道を切り拓き、人々を導く生まれながらのリーダーのもつ荒々しい自信にあふれ、僕も迷わず部隊に加わった。プロジェクト開始から数カ月後、仲間は一〇人ほどに増え、僕らはカリフォルニア州パロアルト市のラ・ジェニファー・ウェイに家を借りた。

マークは天才だが僕は違う

マークとダスティンは、その秋ハーバードにはもう戻らないことを決めたが、僕自身は大学を中退するという考えに魅力を感じなかった。奨学生という身分で、いざというときのための貯えもなく、家族のお金を頼りにすることもできず、そもそも自分がハーバードのような場所にたどり着いたことに半信半疑な気持ちでいたのだ。三年生になり、学業の合間にフェイスブックの仕事をこなしていたが、そのうちかなりの時間をとられるようになった。翌年夏にパロアルトに戻り、四年生の間は数週間ごとに大学と仕事場を往復した。卒業後はフルタイムで勤務し、この会社の向かう先を見定めようとした。

フェイスブックの成長とともに、僕の正式な統括分野はコミュニケーションおよびマーケティング部に変わった。プレスリリースを書き、積極的な広報戦略やマーケティングキャンペーンを企画し、広報上の問題に対処した。フルタイムで働き始めた二〇〇六年の夏にプロダクトチームに移り、エンジニアとともに新機能の開発やユーザーインターフェースの更新を進めた。僕らは一年と経たずに「ニュースフィード」という、友だちの投稿が刻々と表示されるスペースをサイトに実装し、大学生以外の一般ユーザーにプラットフォームを開放し、最初の情報共有機能を搭載して、ユーザー同士がサイト内でリンクを相互に張り、投稿し、コメントできるようにした。本社の壁に張られていたフェイスブックの初期のモットーどおり、僕らはすばやく動き、破壊した。

毎日のように新しい節目を越えた。ユーザー数はほぼ毎週記録的水準に達し、それを見た投資家がますます多くの資金をつぎ込んだ。あまりの勢いに、ゴールポストが先へ、またその先へと動かされていることに僕らは気づきもしなかった。ハーバードでたった数日間で野火のように利用が拡大するとは予想もしなかったし、一年と経たずに某ベンチャーキャピタルが僕らの会社を一億ドルという、目玉が飛び出るような金額で評価したときは、どうかしていると思った。その一年後、ヤフーが一〇億ドルで買収をもちかけてきた。僕らは二二歳の若造だったが、そのオファーを断った。

フェイスブックに夢中だった故郷の友人たちにとって、僕はヒーローだった。両親にとって、僕は彼らが望んだとおりの存在になった——小さな町から大成功した若者だ。僕自身、フェイスブックの株式公開により富を得る前でさえ、一〇代の間たゆみない努力を注いです ばらしい学校に行くチャンスをものにし、予想より早かったが実り多いキャリアを築いた自分に誇りをもっていた。学校でもフェイスブックでも努力をしたという自負があり、自分の選んだプロジェクトで能力を発揮できたことに誇りを感じていた。エンジニアリングの知識がないなりに、会社の成長に貢献する方法を見出した。

フェイスブックの成功から数年が経つと、その誕生と創業と隆盛の物語はアメリカ起業史の偉大な伝説の一つになった（アーロン・ソーキンが脚本を書いた二〇一〇年の映画『ソーシャル・ネットワーク』が熱狂に拍車をかけた）。

僕はフェイスブックを去ってかなり経ってからも、市民団体や企業、学校などに呼ばれ、人々を鼓舞し奮い立たせるようなフェイスブックの物語を伝えた。才能と努力をつぎ込めば自分も同じように成功できるのだと聴衆は信じたがっていた。僕らの成功の秘訣を知り、それに続きたいと考えていた。だから僕は彼らが望むとおりの物語を語ろうとした。努力の末にすばらしい成果を挙げたときの達成感を知っていたし、フェイスブックは実際、途方もない大成功だった。

しかしそれは先達が積み重ねてきたものとはまるで種類の違う成功だった。これまでの世代は努力を重ね、前の世代よりも少しずつよい暮らしを手に入れてきた。だが僕らのフェイスブックでの経験は、たとえるなら宝くじに当選する感覚に近かった。

誰もが学生寮のサクセスストーリーに熱狂したが、僕自身は釈然としなかった。自分が何かの天才だなんて思えなかった。マークはたしかに頭が切れ才能にあふれていたが、ハーバードにはそんな人は大勢いた。親しい友人は、僕が自分の成功を受け入れることができず、実力がないのに周囲をだましているように感じる、「詐欺師症候群」に陥ったのではないかと心配してくれた。僕はそうは思わなかった。僕の思い上がりを防いでいたのは自信のなさではなく、僕らの成功には人が思う以上に特殊な要因が作用していたという実感だったのだ。

僕は数年でフェイスブックを去り、株式公開後に富を手にすると、自分と同じように「成功した」ほかの金持ちを、つまりハーバードの同級生やシリコンバレーで若くして金持ちになった起業家を見ては、こう考えるようになった。

彼らの成功のどれだけが「実力」によるもので、どれだけが彼らの力のおよばないほかの要因によるものなのか？　僕のフェイスブックでの経験は特別なのか？　それともわが国で起こっている何かずっと大きな動きの一例にすぎないのか？

第
2
章

アメリカンドリームの解体

The Dismantling of the American Dream

子どもが王家よりも金持ちになるということ

雨がジョン・ヒックス・ハウスの木の屋根を叩き続けていた。ここは一八世紀にマサチューセッツ州ケンブリッジに建てられた住宅で、のちに改装されハーバードの図書館の一つになった。僕は入口で学生のＩＤを確認する、時給一〇ドルの仕事をしていた。翌日が締切のレポートを仕上げるはずだったのに、ＡＯＬインスタントメッセンジャーでずっとチャットしていた。これはまじめな議論をするときにマークが好んだ通信手段で、ここ一時間ほどの会話は、実際深刻になり始めていた。

「シフトが終わりそうだ。いまから部屋に戻るよ」と僕は打ち込んだ。

「サイエンスセンターに用がある。散歩でもするか？」とマーク。

僕はラップトップを閉じ、雨のなかに飛び出した。

マークと僕は多くの時間をともにしていた。一、二カ月前に公開したフェイスブックは爆発的人気を博していた。マークは予想外のユーザー急増に対応するためにサイトの最適化を図りながらも、イェールやスタンフォードなどの他大学への公開を前にコーディングに余念がなかった。それだけでも大変なのに、三人目のルームメイトのダスティンを戦力にすべく、コンピュータプログラミングの基本を叩き込んでいた。ハーバードの新聞「クリムゾン」に掲載された当時の写真は、六本の空のペットボトルの横で、伸び切っているがきちんととかしつけた髪でデスクに向かうマークの姿をとらえている。撮影のためにちゃんとした格好をさせようとみんなで奔走して、なんとか事なきを得たのだった。

サービス開始後の数週間は嵐のようにすぎた。僕はこうした機会の準備をするほか、フェイスブックとは何で、僕らが何を目指しているのかを説明する広報計画を立て、地元の新聞の電話インタビューに答え、他大学への公開の根回しをした。新しい大学の学生にもハーバードの学生と同じくらい、プロフィールにどの写真を使うか（ユーザーは写真を一枚しか掲載できない）、どうやって「お気に入り映画」の完璧なリストをつくるか、といったことで頭をいっぱいにしてほしかった。

マークと僕がその日の夕方メッセンジャーでチャットしていたのは、フェイスブックが本物のビジネスになろうとしているいま、僕の持ち分をいくらにするかという問題だ。寮の玄関で待ち合わせ、僕の傘に二人で入って雨のなかを歩きだした。

「一〇％ほしいな」と歩きながら僕は言った。僕がぎこちなく差しかけた傘に、雨が叩きつけていた。聞こえたかどうかわからなかったのでもう一度繰り返したが、命令口調になってしまった。

「一〇%くれよ!」

　やや高望みにも思えたが、まったく理不尽な数字というわけではない。交渉術の定石どおり、高めの要求から始めたのだ。

「君がそれだけの貢献をしたとは思わないな」とマークは言った。僕は黙って、これにどう返事をするかがいつか大きな意味をもつようになりそうだと思いながら、答えるまでに少し間を置いた。

「君がやっていることには感謝している」とマークは続けた。「これからサイトを拡大すれば、活躍の場も増えるだろう。でも僕は支配権を維持する必要があるし、ほかのみんなにも公平な分け前が必要だ」

　雨は土砂降りになり、僕らは足取りを速めた。大事な話をするのにこれ以上ひどい状況もないだろう。とはいえ、寮の部屋も似たようなものだった。マークと僕はツインベッドをかろうじて二台置けるスペースしかない、狭苦しい部屋をシェアしていた。ダスティンも同じくらい小さな部屋を、四人目のルームメイト、ビリーとシェアしていた。ちなみにビリーはフェイスブックが絡むことには一切関わらないと決めていた。共同スペースには四人分の机と小さなソファを置くのがせいぜいで、立ち入った内密の会話をする場所はほとんどなかった。口論になりかねない仕事の話とくればなおさらだ。

僕はもともと対立を避けるタイプで、人生で一番重要かもしれないこの瞬間に立ち向かう準備もなく、また僕自身心が揺れていた。自分は急拡大中のパイの分け前をもらって当然だと思う一方で、マークやダスティンほど重要不可欠なメンバーではないという引け目も感じていた。SNSのアイデアは完全にマークのものだし、ダスティンは毎晩三、四時間の睡眠で、学業とコーディングの勉強と初期のサイトのエンジニアリング作業をこなしていた。僕はといえばストーリーの語り手としてリーダーシップを発揮していた。マークは初期の「フェイスブックについて」のページで、僕を「エンパスᅟ(他人の感情を読む超能力者)」と呼んだほどだ。だがそれがあくまで補助的な役割だということは、自分でもわかっていた。多くを要求できる立場にはなかったが、僕はフェイスブックにもっと積極的に関わりたいと切望していた。フェイスブックはマークが立ち上げた、ほかのにわか仕立てのウェブサイトとはまったく違っていた。ハーバードにとどまらない広い世界で、企業として、また文化的にも大きく発展しそうなものに関われることに、僕は興奮を覚えていた。

ホルヨーク通りを過ぎてハーバードヤードに入ると、僕はフェイスブックの物語を丁寧に伝えたことが、バイラル性を高め、ユーザーの信頼を確保する鍵になったと訴えた。「大勢の人が登録しているのは、僕らが何者かを知って、サイトを信頼してくれたからだ」と僕は続けた。

「僕らは匿名のインターネット企業じゃない、彼らの仲間なんだ」。マークは同意したが、僕の示した数字に少しも歩み寄ろうとはしなかった。

ハーバードヤードの中心にあるワイドナー記念図書館の階段まで来ると、僕は折れて言った。

「君が公正だと思うだけをくれたらいいよ。全員のバランスをとるのが難しいことはわかっている」

苛立ち、疲れ果て、何かの会合に遅れていたマークは、ただ「ＯＫ」とだけ言い残すと、傘も持たず、フードもかぶらずに土砂降りのなか立ち去った。

数週間後、マークが僕に株式の約二％をくれたことと、ダスティンがその数倍もらったことを知った。マークはもちろん、支配権を維持した。当時はわかっていなかったが、それは僕らのような子どもが王家より金持ちになるということだった。

あの雨のなかの会話のような、一見ささいに思えるいくつかの決定が、僕らの全人生の軌道を大きく変えた。フェイスブックは数カ月後に再法人化され、それに伴って僕の持ち分は若干減った。その後の数年間で会社が数億ドルにおよぶ資金調達をする過程で、僕の持ち分は徐々に減少した。僕は初期にストックオプションを行使することを知らず、株式公開まで待った。これは大失敗で、普通のスタートアップ創業者より数倍高い税金を課される羽目になった（僕には「節税」の方法を指南してくれる税務顧問も投資顧問も、裕福な家族もいなかった）。それでも、交渉力に乏しく、財務上の判断を誤り、会社で控えめな役割しか果たさなかったこの僕でさえ、五億ドル近い金額を手にすることができたのだ。

急増したロビイスト

その後の一〇年間でフェイスブックは急成長を遂げた。大学生市場をほぼ独占し、高校生市場にも進出し、二〇〇六年秋には世界の全ユーザーに門戸を開放した。僕らの新しい目標は、人のつながりの網の目をつくること、すなわち世界中の友人や家族と考えや気持ちを分かち合うためのパイプをつくることになった。「よりオープンでつながった世界をつくる」という大きな野望は、ユーザー、従業員、投資家を等しく鼓舞した。サービス開始八年後の株式上場時には、ベンチャーキャピタルから六億ドル以上を調達し、一〇億人近くのユーザーがプラットフォームを利用していた。現在では全世界のインターネットユーザーの三分の二にあたる二〇億人がフェイスブックを積極的に利用し、会社の時価総額は五〇〇〇億ドルに上る。ここまでの成長は極端とはいえ、現代のハイテク企業にとってまったく異例というわけではない。

フェイスブックの成功の種がまかれたのは、創業時の二〇〇四年ではなく、僕らがまだ生まれてもいなかった一九七〇年代末のことだ。一九七〇年代にアメリカの政治指導者は、フェイスブックの台頭を可能にした経済的環境の下地をつくり始めた。そして格差をこれまでになく深刻なものにしているのも、これらの環境要因なのだ。

大恐慌後の数十年間で、アメリカ政府の規模と影響力は、リチャード・ニクソンをはじめとする共和党大統領の時代も含めて増大の一途をたどった。▽1 この頃のアメリカ政府は、よりよい世界に向かう推進力としておおむね信頼され、また市民の権利を保障し、教育・医療機会などの重要な社会サービスを提供できる強力な機関と見なされていた。▽2 ニクソンは犯罪や人種間対立などの社会問題への強硬な対応から、筋金入りの保守派と見られがちだが、実際には経済問題に精力的に取り組み、彼の政権下で国内支出は過去数十年で最大の増加を見た。環境保護や職場の安全性向上のための政府機関も新設された。一九七四年のウォーターゲート事件によるニクソン辞任時、政府支出の対ＧＤＰ比は過去最高で、大恐慌時の財政出動期よりも高かった。

政府の拡大とともに、共和党政権下でさえ企業利権が軽視されつつあることに、アメリカの実業界は危機感を募らせていった。新たな規制と増税の数年間を経て一九七〇年代半ば、企業は自分たちの利益をないがしろにするワシントンのエリートに対抗するために、みずから組織化を開始する。業界を問わず財力のある企業が協力してアメリカ史上最大規模のロビー活動を組織し、やがてそれはアメリカの政治に定着した。登録ロビイスト（政府に登録したロビイスト）を擁する企業は一九七一年の二〇〇社弱から、一〇年後に二五〇〇社近くに増えた。企業の政治活動委員会（通称PAC）による選挙運動資金の支出は、わずか一〇年間で五倍に増加した。こうしたPACやロビー組織の新設と並行して、企業はアメリカ企業公共政策研究所（AEI）やヘリテージ財団などの休眠中の小規模なシンクタンクを、思想界における一大勢力につくりかえ、当時のアメリカ国内の右派と左派の歩み寄りの動きに対抗し得る新しい種類の保守主義に思想的な拠り所を与えた。▽3

これらの新しい組織が、アメリカ経済の性質の根本的な変容を促した。まず手始めに、ジミー・カーター大統領政権の初年度の目玉となるはずだった、消費者利益保護のための組織を設置する案を葬った。その一年後、新しい労働者保護政策を阻止し、富裕層の投資所得に対する課税の軽減と一般労働者の給与所得税率引き上げを図った。これらはほんの肩慣らしにすぎない。その後の数十年で、ロナルド・レーガンとジョージ・H・W・ブッシュの政権は主要産業の規制緩和を進め、関税引き下げにより国際貿易の急拡大を促し、富裕層に不釣り合いな恩恵を与える大幅減税を実施した。一九六八年に七五%だった所得税の最高税率は、一九八八年には二八％にまで引き下げられた。規制緩和と全面的な減税が実施されるなか、唯一予算が拡大したのは国防総省だった。

こうした変化のすべてが、フェイスブックの成功を可能にした三つの経済要因の下地となった。すなわち、新しいテクノロジーの急速な進歩、グローバル貿易の急拡大、そしてファイナンスとベンチャーキャピタルの台頭である。

フェイスブックがインターネットあっての存在なのは明らかだが、そのインターネットを直接生み出したのが、政府支援研究だということはあまり知られていない。国防費の増加によって主に恩恵を受けたのは、国防高等研究計画局（ＡＲＰＡ）だった。ＡＲＰＡが軍事目的で開発した高等研究計画局ネットワーク（ＡＲＰＡＮＥＴ）によって、コンピュータ間の通信を可能にする初期のプロトコルが確立された。その後全米科学財団（ＮＳＦ）の助成により主要大学にスーパーコンピュータセンターが設置され、一九八六年初頭に初期のインターネットによって相互に接続された。数年後に商用インターネットサービスプロバイダが生まれ、今日のインターネットの使いやすいインターフェースである、ワールドワイドウェブが使われ始めた。

関税引き下げとグローバル化

初期のインターネットは、アメリカの西部開拓時代のように、フロンティアを開拓した者が巨大な市場を独占することが可能だった。初期のウェブはフラットでオープンだった。アドレスシステムを管理する組織を除けば、インターネットを規制するグローバルな枠組みは存在しなかった。ウェブの利用者は匿名で活動でき、規制構造の欠如が一種のカオス的な自由をもたらしていた。初期のインターネット伝言板の発言は等しく影響力をもち、僕ら寮仲間のような、すぐれたアイデアと少しばかりの技術的才覚をもつ人間が、即席ウェブサイトを通じて数百万人の新しもの好きのユーザーに到達することができた。

だがこのカオスには別の側面もあった。初期参入者は、後発者がけっして挽回できない先発優位性を享受できたのだ。一九世紀のアメリカであれ、ソビエト連邦崩壊後のロシア経済であれ、早い者勝ちの土地争奪戦では、一見平等主義的に思えるカオス状態が短期間続いたあとで、少数の主要プレーヤーに力が集中する。現在、インターネット上のやりとりの大部分が、グーグル、アップル、フェイスブック、アマゾンの四社によって支配されている。ネット上の土地争奪戦が本格的に始まったのは、初期ユーザーが参加し始めた一九九〇年代半ばではなく、その一〇年後の二〇〇〇年代半ば、まさに僕らがフェイスブックを立ち上げた瞬間だった。

マークがフェイスブックのコーディングを開始した二〇〇四年初頭、先進国でインターネットを少しでも使っていたのは三人に一人でしかなかった。今日その割合は八〇％に上り、フェイスブックは、そのほぼ全員を獲得できる絶好の位置につけていた。僕らより数年早くスタートを切ったグーグルとアマゾン同様、フェイスブックはインターネットがまだ小さなネットワークで急成長を遂げていた、歴史的に絶好のタイミングでサービスを開始したのだ。フェイスブック以降に創業した全企業のうち最大のものはウーバーだが、それでも時価総額でフェイスブックの一〇分の一にすぎない。僕らはウェブの爆発的成長の波に乗れる絶妙のタイミングで、フェイスブックを立ち上げたのだ。

関税率の引き下げとグローバル市場の台頭が、フェイスブック隆盛の背後にある二つ目の要因だ。アメリカ政府が数十年前に実施した貿易の規制緩和により、スマートフォンの安価な製造が可能になり、それがインターネットユーザーの急増をもたらした。家庭用パソコンを買う余裕のなかった人たちが、ｉＰｈｏｎｅなどのモバイル機器経由でネットを利用するようになったのだ。スマートフォンがますます手頃になって人気が出てくると、モバイルユーザーによるフェイスブック利用時間はＰＣ経由の利用時間をあっという間に上回った。今日世界のスマートフォン利用者は二〇億人を超えている。ほとんどの人にとって、ネットにアクセスし、フェイスブックを利用する主な手段は、スマートフォンである。[4]

世界初の大衆向けスマートフォン、iPhoneの初期の成功は、ひとえにこのグローバル市場の賜物だ。アップルは関税の仕組みと安価で効率的な輸送網を戦略的に利用して、広範なサプライヤーのネットワークを世界各地に張り巡らせている。iPhone製造のためにコンゴから希少鉱物を、台湾からタッチスクリーンのガラスを調達し、日本からカメラのレンズを、マレーシアから回路基板を輸入する。ドイツから加速度計を、オーストリアから光学センサを購入する。これらすべての部品を中国の労働力を利用して組み立て、デバイスの設計はカリフォルニア本社で行う。[5] 今日のiPhoneは二年契約で月々一四ドルと、ほぼすべてのアメリカ人に手の届く値段だ。

携帯電話の急速な普及は、フェイスブックの成功を決定づけた最大かつ最重要なできごとだったが、実は僕らは当時そうなると確信していたわけではない。ダスティンとマークが二〇〇七年に交わしていた会話を覚えている。ダスティンは、もうすぐモバイルユーザーの津波がやってくる、早く準備しなければとマークをせっついたが、半信半疑のマークを説得しきれなかった。ダスティンの予測は少々早すぎたにしても、二〇一一年にモバイルユーザーは実際に急増し、僕らはまったく準備ができていなかった。この年になっても社内にモバイルプロダクト専門のエンジニアは数人というありさまだった。だがフェイスブックは即座に新しい市場の獲得に向けて舵を切り、莫大な利益を上げることができたのだ。二〇一二年のIPO時にゼロだったモバイル広告収入は、二〇一六年には二二〇億ドルに達した。この種のホッケースティックのような収益急増が起こるのは、企業がすでに明らかに市場を独占していて、ただスイッチをパチンと入れるだけで収益が流れ込んでくるような状況である。フェイスブックはすでにほぼすべてのネットユーザーを囲い込んでいたから、モバイル市場が出現したとき、それを活用するのにきわめて有利な位置づけにあったのだ。

今日のフェイスブックは、とくにメッセージングサービスを考慮に入れた場合、昔の固定電話のような役目を果たしている。平均的なユーザーの利用時間は一日約一時間。[6] これはほとんどの人が読書や運動にかける時間よりも長く、飲食にかける時間とほぼ同じだ。しかもこの時間には、世界最大のメッセージング・プラットフォームのワッツアップや、世界最大の写真共有アプリ、インスタグラムの利用時間は含まれない。ちなみにどちらもフェイスブックが所有する企業だ。世界の数十億人が、連絡を取り合う手段としてフェイスブックの基幹回線を利用している。このことは、世界をつなぐ「ソーシャルユーティリティ（社会生活に役立つサービス）」をつくるという、マークの初期の野望が成就したことを物語っている。[7]

フェイスブックは、新しい親が子どもの誕生を最初に公表する場であり、自然災害時に大切な人の安否を確認するために誰もがまっ先に向かう場なのだ。合計すると世界の全ソーシャルトラフィックの八〇%が、フェイスブックのサーバを経由している。▽8

膨大なリスクマネーがベンチャー企業へ

しかし、これらの類のないすべての機会をもってしても、フェイスブックの隆盛を駆り立てた第三の要因にはかなわない。それは、ベンチャーキャピタルの提供する莫大な金融資本だ。一九八〇年代と一九九〇年代の歴史的に前例のない市場の急騰により——また歴史的低水準の税率とも相まって——富裕層や年金基金、大学基金が巨額の資金を手にするようになった。とくにベンチャーキャピタルは、高リスク低課税の投資から莫大な利益を見込んで、安くはない手数料と見返りに富裕層や機関投資家から資金を募った。ベンチャーキャピタリストは、投資先一〇社のうち七社が倒産し、二社が収支トントンでも、残る一社の価値が爆発的に上昇してほかのすべての損失を帳消しにすれば、高い収益を確保できると見込んでいる。

ただしこれは建て前で、実際には過去一五年間でほとんどのベンチャーキャピタルが、トータルで見れば公開市場に毛が生えた程度のリターンしか上げていない。▽9 一九九〇年代後半と二〇〇〇代初頭に、投資家はベンチャーキャピタルに数百億ドルをつぎ込み、そうした資金がフェイスブックのような企業に投資された（この傾向は現在も続いている。ベンチャーキャピタルと独立系アーリーステージ投資会社は、二〇一七年一年間だけで新興企業に八〇〇億ドル投資した）[10]。これほどの金額の資本が、リスクの高いアーリーステージ案件に投資されたことは、歴史上なかったことだ。

僕の素人目には、フェイスブックの初期の数年間に投資された金額はただもう衝撃的だった。二〇〇五年春、僕らはパロアルトの商業地区ユニバーシティ・アベニューの著名ベンチャーキャピタル、アクセルパートナーズの事務所を訪れた。僕らが押し込まれていた数ブロック先の嫌なにおいのする又貸しのオフィスとは対照的に、そこはすべてが穏やかで清潔だった。図書館のように静かな空間に、大理石と蘭の花がふんだんにあしらわれていた。僕らがみすぼらしいオフィスで運営するちっぽけなウェブサイトが、こういう人たちを動かし、一二〇〇万ドルもの投資を引き出したことに驚いた。しかも僕らはまだ創業一年ほどだというのに。そしてこのときの投資決定が、僕ら共同創業者の人生を変えた。

マークとダスティン、そして当時ＣＥＯだったショーン・パーカーは、フェイスブックの成功いかんにかかわらず、このたった一度の投資ラウンドでそれぞれ一〇〇万ドルずつを懐にした。僕は一〇万ドルを獲得し、この思いがけない収入が、それまで味わったことのない強固な安心感を与えてくれた。一年後、ようやく二一歳になった僕ら三人は、別の数社による二八〇〇万ドルの出資を、シャンパンで祝うことができた。合計すると、フェイスブックは公開前に六億ドルを超える資金を投資会社から得たことになる。

証券取引委員会（SEC）の時代遅れの規制のせいで、ほとんどの企業は公開市場上場に伴う規制と公的監視を回避するために、IPOをできるだけ先に延ばそうとする。そのせいで、平均的なアメリカ人は、有望な企業の株式を初期段階に購入する術をもたない。他方、有力な人脈をもつ超富裕層は、投資会社を通じてそうした企業の持ち分を得ている。フェイスブックに関していえば、彼らは大きな見返りを得た。

ベンチャーキャピタルの成長は、過去数十年間の金融部門の発展という、はるかに大きな物語の小さな一片にすぎない。富裕層の銀行口座に資金が貯まれば貯まるほど、プライベートエクイティ（未公開株式）会社やベンチャーキャピタルグループ、ヘッジファンドの投資資金が増える。こうして金融部門が巨大化した結果、若い起業家には長期的実績と関係なく、ほぼ無制限に資金が与えられ、その一方でこれから見ていくように、労働者の懐に入る金額は減る一方なのだ。

テクノロジーの飛躍的進歩と、スマートフォンの爆発的普及を可能にしたグローバル市場、そしてベンチャーキャピタルのどの一つの要因が欠けても、フェイスブックは少なくともいまの姿では存在できなかった。大統領経済諮問委員会（CEA）の元委員長で、数々の賞に輝く経済学者アラン・クルーガーは、今日のこの状態を「勝者総取り」の経済という用語で説明する。「ここ数十年の間に技術革新、グローバリゼーション、繁栄の共有を支えてきた制度や慣行の崩壊が進み、中流階級がますます圧迫されています」とクルーガーは二〇一三年に行ったスピーチで訴えた。[11]「幸運で才能ある人たち、といっても本当にそうなのか確かめようもありませんが、そういった人たちの暮らし向きがよくなる一方で、圧倒的多数の人たちは生活のやりくりをするので精一杯です」。

勝者総取りという言い回しは、一九九〇年代に経済学者のロバート・フランクとフィリップ・クックが現代の経済状況を説明するために用いたのが最初で、オートメーションやグローバリゼーションを含む、さまざまな経済要因の影響を表すための用語として使われている。[12]

その成功は「運」なのか？

勝者総取りの世界では、少人数の集団がいち早く行動を起こした結果として、並外れて大きな利益を得る。のちの大きな成功につながるこうした小さな違いは、「運」と呼ばれることが多いが、これを運と言ってしまうと不都合が生じる。その成功に努力が必要ない、あるいは努力は関係ないということになってしまうからだ。特大の成功はほぼ必ず運と努力の組み合せによってもたらされる。史上初の（一〇億ドル級の資産をもつ）大富豪作家J・K・ローリングは、ハリー・ポッターの物語の出版を一二社に断られ、一三社目にようやくチャンスをもらった。彼女の粘り強い努力が成功をもたらしたと同時に、一三社目の出版社の小さな決定が彼女の人生を変えたともいえる。同じように、僕はハーバードに入るために努力し、初期のフェイスブックで意味のある役割を果たしたが、一方で、マーク・ザッカーバーグのルームメイトになったという幸運が人生を変えた。

こうした小さなできごとの組み合わせが、歴史的に類を見ない莫大な利益を生むのは、現代の経済的要因に「拡大力」があるからだ。

世界的なノンフィクションのベストセラー作家マイケル・ルイスも、運と努力が組み合わさった結果成功した一人だ。大学を出て二年ほど経ったとき、彼はある夕食会で偶然ソロモン・ブラザーズの重役の奥さんと隣りの席になった。ルイスに言わせれば、この女性は彼のことを大層気に入り、彼がデリバティブトレーダーの仕事を得られるよう夫に頼んでくれた。折しも、この種の複雑でリスクの高い金融商品がウォール街を激変させようとしていたその時期にである。

ルイスはトレーダーとして三年間働いて大金を稼ぎ、そして二八歳のとき、みずからのウォール街での経験を描いたノンフィクション、『ライアーズ・ポーカー』を上梓する。この本は大ベストセラーとなり、彼は一躍時代の寵児になった。ルイスは二〇一二年に母校のプリンストン大学の卒業式で、運をテーマにスピーチを行っている。

「わたしは突如として、『あなたは生まれながらの作家だ』などといわれるようになりました。とんでもない。自分でもわかっていました。わたしの成功の背後には、もっと真実に近い、『運』をテーマとする物語が隠れていることを。たまたま行った夕食会でソロモン・ブラザーズの重役の奥さんと隣り合わせになる確率は、いったいどれくらいだと思いますか？　時代の花形産業だった金融業界の大企業の重役ですよ？　そしてそのビジネスを俯瞰するのに最もふさわしい職務に就ける確率は？　わたしの職業選択に反対せず、ただため息をついて『好きにしなさい』と言ってくれる両親をもつ確率は？　プリンストンの教授に、あなたは何か書く人になりなさいと言われる確率は？　そもそもプリンストンに入れる確率は？[▽13]」

「勝者総取り経済」がもたらしたもの

運がいいことは、努力による成功を否定するものではない。たんに勝者総取り経済では小さな偶然の出会いが――夕食会で誰と隣り合わせになるか、大学の寮で誰と同室になるかなどが――昔よりずっと重大な影響をおよぼすようになったと言いたいのだ。場合によっては、そうした小さな違いが積もり積もって大きな財産をもたらすことがある。

二〇一七年の春、マーク・ザッカーバーグが懐かしい僕らの古巣ハーバード大学で卒業式のスピーチを行った。奇しくも僕ら二人が一三年前、フェイスブックの持ち分の交渉をした場所から目と鼻の先だ。マークは勤勉な若い卒業生を前にして、あなたたちの人生で偶然と運がすでに演じた役割を十分自覚しているだろうかと問いかけた。

「ただいいアイデアがあったり、猛烈に努力したりしただけでは成功しないことは、誰でも知っています。成功するには運も必要です」と彼は権威ある演壇から語った。[14]

「もし僕がコードを書く代わりに家族を養う必要があったら、もしフェイスブックがうまくいかなくてもなんとかなると知らなかったら、僕は今日ここに立っていることもなかったでしょう。正直なところ、ここにいる僕らは、それだけでとても幸運なんです」

だが、運は降って湧くものではない。われわれは運に途方もない見返りを与える経済を生み出した。こうした変化のなかには望ましいものもあれば、そうでないものもあるが、どれもわれわれの社会が意図的に下してきた政治的決定がもたらしたものだ。運がこれほどの威力をもつような、勝者総取り経済を「見えざる手」の力だけで生み出せたはずがない。われわれ自身がそのシナリオを書き、それを実現したのだ。

過去数十年間にわれわれの社会が下した意思決定は、毎年少数の人々が一攫千金を得る経済を、生み出すべくして生み出した。それはノースカロライナでの少年時代、僕の周りにいた地元の歯科医や弁護士、医師のようなレベルの金持ち連中のことではない。所得または資産の額が上位一％に属する世帯、つまり純資産が一〇〇〇万ドルを超えるような世帯のことだ。[15]

僕の故郷の平均的な医師は昨年の平均年収が一八万九〇〇〇ドルで、一般的に「裕福」といわれるほとんどの人がそうであるように、上位一％には含まれない。[16]

この本で取り上げる「金持ち」とは、僕や僕のマンハッタンの隣人のような人たちのことだ。S&P500社企業のCEOで、自社の典型的な従業員の平均年収の三四七倍稼いでいる人たちだ。[17] ちなみにこの値は、過去の平均値の二〇～六〇倍から大幅に上昇している。超一流アスリート、不動産業者や開発業者、スター弁護士など、各分野のエリート中のエリートがこの一%の超富裕層だ。そして彼らは多様性にきわめて乏しい。全体の九六%が白人なのだ。[18]

その結果、莫大な富をごく少数の世帯が支配するという、歴史上類を見ない事態が生じている。ウォルトン一族という、ウォルマート帝国の富を受け継ぐ人々は、現在アメリカの下位四三%に属する一億三七〇〇万人を合わせたよりも多くの富を支配している。上位わずか〇・一%、すなわち資産二〇〇〇万ドル超の一六万世帯が、下位九〇%とほぼ同等の富を所有しているのだ。[19] 富裕層と貧困層の格差は、ウォール街が史上最大の暴落を経験した一九二九年以来の水準に達している。[20]

問題は、われわれの新しい経済（ニューエコノミー）がフェイスブックをはじめとするメガ勝者の台頭を促したことではない。超富裕層の拡大が、普通の人々の犠牲によってもたらされたことが問題なのだ。急激な技術進歩とグローバリゼーションと金融化は、アメリカの中下位層を窮地に追い込んでいる。フェイスブック、グーグル、アマゾンの台頭を可能にしたのと同じ要因が、アメリカ人から当然得られるべき安定と経済機会を奪っている。

これらの三つの経済要因はさまざまな影響をおよぼしているが、そのなかでも最も深刻なものが、フルタイム雇用の破壊と契約労働の増加である。この例として、「ギグ（単発仕事）・エコノミー」の代表格であるウーバーの運転手が引き合いに出されることが多い。皮肉にも、技術進歩のせいで時代は逆行し、アメリカの歴史の大半を通じてそうだったように、低賃金で不安定な雇用の割合が高まっている。ギグ・エコノミーは新しい現象と考えられがちだが、二〇世紀半ばの安定期は、歴史的に見れば長い雇用不安定期の短い幕間にすぎなかった。

不安定で断片的な仕事

二〇世紀中頃までは、仕事といえば家の農場の手伝いや、僕の祖父が若い頃にやっていたような、よそでの短期の仕事が多かった。[21] 祖父はノースカロライナ州北西部のバージニア州境から二キロ足らずの、岩がちな数エーカーの土地に立つ家で育った。七人きょうだいの六番目で、一五歳で学校をやめ、野菜の栽培や鶏の飼育、牛の搾乳をはじめ、家族農場の運営全般を手伝った。彼が初めて経験した「仕事」は、家周りの細々とした季節労働で、両親から報酬として住む場所と食事を与えられた。

祖父の両親は狂騒の二〇年代の好景気に乗っかろうとして、歴史的に最悪のタイミングで、祖父の新妻のテルマを含むヒューズ一族を引き連れてフィラデルフィアへ引っ越した。一九二九年、株価暴落の直前のことである。それからの二年間、祖父母は残りの一一人の家族や親戚と、フィラデルフィア・フランクフォード地区の一戸建ての家に暮らした。学もなく農作業以外のスキルもない祖父は、理髪師を目指した。南部出身の若者が客を求めてフィラデルフィアの人でにぎわう界隈を歩き回る姿が目に浮かぶようだ。手に持っているのがハサミという点は違うが、今日のリフトやウーバーの運転手と同じ種類の仕事だ。

祖父は髪を切ったことはあった――その証拠にハサミは持っていた――が、僕が大人になって知るような本格的な理髪師ではなかった（僕は幼い頃おかっぱ頭にされたとき、祖父が大したスキルを身につけていなかったことを確信した）。新しい街中の家で家族とすし詰め状態で暮らしながら、祖父はなんとかやっていく方法を身につけた。たった数ドルの仕事でも、家計の足しになった。

当時の不安定な雇用に生活を翻弄されていたのは、祖父だけではない。一九三〇年の人口調査によれば、フィラデルフィアのあの狭い家に暮らしていた家族のうち、フルタイムの雇用から安定した収入を得ていたのは、労働年齢人口（一五～六四歳）の九人中、三人にすぎない。家具の鋳型職人だった祖父の義兄と、革なめし工場の革選別工の兄、保険会社の速記者の姉である。残りの家族は手当たり次第、どんな細切れの仕事でもやった。

しかしその後、全米の多くの人たちと同様、祖父の経済展望は好転する。故郷のノースカロライナ州に、カントリークラブのマネジャー兼管理人の仕事が見つかったのだ。労働時間は週四〇時間を大幅に超えていたが、住む場所と比較的安定した暮らしが得られた。月三〇ドル（今のお金に換算すると月四三〇ドル、年五〇〇〇ドル程度）、食事つき。祖母の仕事は「包括契約」に含まれ、プロショップとフードスタンドの店員を一人でこなした。こうした仕事を通して、祖父母は切望していた家族からの自立と、そこそこ安定した暮らしを得たが、幼い子どもを含む三人が暮らしていけるだけの賃金にはまだ届かなかった。

その後の数十年間の経済成長で、僕の家族を含む多くのアメリカ人の暮らし向きが大きく改善した。祖父が第二次世界大戦に出征している間、祖母は地元の食堂で働けるだけ働いた。終戦後は靴下工場の工員として安定した雇用を得、靴下とストッキングの織機の監督責任者として三〇年間働いた。祖父は一九五〇年代に石油会社に中距離トラック運転手として雇われ、仕事は不定期だったが、隔週ごとに給与小切手が送られてきた。それは命を維持する心臓の鼓動のように彼らの生活を背後で支えた。

僕の両親が初めての仕事を得たのは一九五〇年代と一九六〇年代のことだ。彼らは定期的な給与小切手を得て経済的に安定していただけでなく、雇用主の提供する健康保険、有給病気休暇、一般休暇、年金などの福利厚生も得ていた。

一九五〇年代から一九八〇年代にかけての三〇年間、ほとんどのアメリカ人、とりわけ白人は、安定した中流階級の生活を支える仕事をつねに見つけることができた。企業は従業員の生活の安定を保障する総合的な福利厚生サービスを提供した。一九五五年当時コダックなどの大企業は、生命保険と退職年金、疾病手当、障害者手当、休暇に、従業員一人あたり年間一〇〇〇ドル、いまのお金でいえば約八〇〇〇ドルの費用を負担していた。勤続一五年以上の従業員は、自身だけでなく扶養家族にも、生涯にわたって医療費の給付を受けることができた。[22] この安定した仕事とほぼ完全雇用の時期は、歴史上の短い例外的期間だったが、輝かしい黄金時代としてわれわれアメリカ人の心に深く刻まれている。[23]

しかし一九七〇年代末からのグローバリゼーションと急激な技術進歩、ファイナンスの台頭によって、仕事の性質がすっかり変容すると、この短い安定期は終わりを迎えた。雇用はより不安定で断片的になった。もしも僕の両親が一〇年あとに生まれていたら、デジタル化と金融主導の急速な業界再編により、小都市の印刷業者の倒産が相次ぎ、父は印刷用紙の営業マンの職を失い、失業していた可能性が高い。その結果、彼は歳をとってから新しいキャリアを模索するか、収入が得られる何らかの仕事を探すことになっただろう。母は数十年前より稼ぎが減っていたはずだ。ノースカロライナ州の教師の賃金は、生活費の上昇はおろか、インフレにさえついていくことができていないのだから。両親はほとんどのアメリカ人、とくに民間企業で働く人たちと同様、人生で最も安心が必要な時期に取り残されることになっただろう。「労働者にとって、アメリカ企業は衝撃吸収材の役割を果たしていた。いまやそれはジェットコースターのようだ」とジャーナリストのリック・ワルツマンは書いている。[24]

最近の都市部の失業者は、仕事が見つからず、お金になるスキルもない場合、僕の祖父がやったのと同じことをしている。理髪師のハサミの代わりにスマートフォンを手に取り、リフト（配車サービス）やポストメイツ（買い物・宅配代行サービス）のドライバーとして登録するのだ。タスクラビット（助っ人サービス）の登録者は、家具の組み立てから落ち葉掃き、劇場チケットや新型iPhoneを買うための行列など、何でもやる。

こうした請負仕事に助けられている人たちもいる。パートタイムの仕事しか得られない状況で、収入を補うことができるからだ。これは労働者が大昔からやってきたことだ。この種の仕事をするミレニアル世代は、「好きなことを副業にする」技術の達人などともてはやされるが、データで見る限りこうした非典型労働に携わっているのはミレニアル世代に限らない。[25]アメリカとヨーロッパの労働年齢人口（一五～六四歳）の四人に一人が、何らかの単発的な有給の仕事に従事している。[26]好きでやる人もいるが、必要に駆られて行う場合が多い。

リフトやタスクラビットなど、アプリを通じて仕事を探す人たちがとかく注目されるが、彼らは氷山の一角でしかない。彼らの雇用を特徴づける「不安定性」は、質の悪い仕事が増えるなか、経済全体に広がっている。単発仕事だけでなく、パートタイムや派遣、オンコール（呼出）の仕事を含めれば、非典型労働に従事する人はアメリカの全労働者の四〇％超にまでふくれあがる。▽27

かつてまずまずの給与と手当がもらえたブルーカラーの仕事は、六〇年前はアメリカの全雇用の約半数を占めていたが、今日その割合は二〇％程度に低下している。プリンストン大学の研究によれば、二〇〇五年から二〇一五年までに生み出された新しい仕事の九四％が、請負や臨時の仕事だった。▽28 つまり過去一〇年間に生み出されたほぼすべての仕事が断片的な仕事で、そこから得られる収入はあてにできない、ということになる。

ニューエコノミーのこうした仕事の多くは低報酬で不定期で、手当や給与保証から得られる安定性を欠いている。▽29 この種の仕事をするのは、週に二〇時間の仕事も得られないスターバックスやウォルマートの従業員、ベビーシッター、犬の散歩代行者、販売員、配達員などだ。労働時間を選べる場合もあるが、▽30 多くは市場の需要に応じて働かなくてはならない。顧客が列をなすときもあれば、一人もいないときもある（ウーバーのドライバーは繁忙期でさえ、ガソリン代や保守費用、減価償却費を抜く前の額面で時給一五ドルももらえない▽31）。契約労働者とパートタイマーは多少は稼げたとしても、安定性は得られず、二〇世紀半ばの従来型の仕事で得られたような出世の機会も閉ざされている。

住む家と仕事があっても希望がない

契約労働が拡大する一方で、伝統的なフルタイム労働の賃金は停滞している。二〇一七年五月に、僕はオハイオ州北東部の町、ウォーレンのある家の玄関先で、ジュリー（仮名）という女性と網戸越しに話をした。彼女の背後では娘がテレビを見ていた。僕がこの地を訪れたのは、オハイオ・オーガナイジング・コラボラティブという、地域の活動組織や宗教団体、労働組合、政策集団がつくる連合組織の招きで、フェイスブックの台頭をもたらした要因に苦しめられている人たちと話をするためだった。

ジュリーの住む界隈は、伝統的に民主党が強いにもかかわらずドナルド・トランプ支持に回った白人地域だ。彼女の家の向かいは半壊のまま放置された駐車場で、そのうしろには廃工場がそびえていた。ジュリーは穏やかで芯が強そうだが、面やつれしていた。地元の学校で事務員として働き、夫はパイプ工場で夜勤の仕事をしていた。近隣では不動産価格が軒並み暴落していて、どこにも希望は見えない。「ただ生き延びるためだけに毎日をやり過ごしているんです」と彼女は言った。

ジュリーと夫は、定職に就き住まいをもつ、貧困統計にはけっして現れない人たちだ。だがジュリーの口調ににじむ落胆と、彼女が家族に何の希望もないと感じていることに、僕は戸惑いを覚えた。僕が会話の糸口として尋ねた、「この国は正しい方向に向かっていると思いますか?」という質問は、滑稽なほど的外れに思えた。国は彼女を置き去りにしたのだ。たとえ正しい方向に向かっていたとしても、それが彼女にとってなんの足しになるというのだろう。

オートメーションとグローバリゼーションが、多くの業界で完全に雇用を破壊している。僕はジュリーの家のある通りを歩き、道行く人たちに話を聞いた(同行者の主催NPOの男性が近隣の住人だったのも幸いした)。このアメリカの中部地域(ハートランド)の一区画を一時間歩いただけで、現代の経済要因の影響が手にとるようにわかった。

ジュリーの三軒隣では、オートメーションに仕事を奪われ、再訓練を受けようとしている配管工の労働組合員と話した。その数軒先では五〇代の女性が、地元のデパートから早期退職を強いられたばかりだった。個人消費の低迷と、近所のウォルマートによる容赦ない価格破壊の犠牲者だ。彼らのなかに貧困層はいなかったが、どの人もここ数年の賃金は横ばいもしくは低下していた。周辺の住宅の多くが空き家か廃屋に近い状態で、賃金停滞よりも悪い事態が起こったことを物語っていた。

オートメーションは全米で雇用を破壊しているが、とくにひどいのがこのウォーレンのような地域である。最初に消滅した仕事は、かつてウォーレン最大の雇用主だった自動車製造のような定型的な単純労働だ。世界最大の自動車メーカー、ゼネラルモーターズ（GM）は二〇一一年には五五年前の三分の一の労働力で、二倍の台数の自動車を製造した。[32] 一九五五年の労働者一人あたり生産台数が八台だったのに対し、二〇一一年は四三台だった。

もちろん、技術進歩は雇用を破壊するのと並行して、リフトのドライバーやウォルマートの従業員のような仕事を創出している。だが新しい仕事は異なるスキルを必要とし、安定性に欠け、給与が低い場合が多い。

労働時間が週三〇時間に満たないウォルマートの従業員は、各種手当や保険、長期休暇、有給休暇を得られないうえ、時給一五ドルもらえれば御の字だ。[33] これはオハイオ州の複数の地域の工場労働者がかつて得ていた、時給四〇ドル（各種手当含む）とは比べものにならない水準だ。[34] オートメーションは雇用者の総数を減らさなかったかもしれないが、それが生み出した新しい雇用は、消滅させた雇用に比べて質が低い。

グローバリゼーションも同様に、多くの巨大産業を国外に追いやった。僕の故郷ヒッコリーでは、家具製造業者が生産拠点を中国に移し、通信業界が縮小したせいで、地域経済が大きな打撃を受けている。これらは僕が子どもの頃は地域の基幹産業だったが、いまや存在すらしない。ロボットにより自動車組立ラインの効率化が進んだのと同じ時期、貿易協定により自動車組立の国外移転が容易になった。他方、ベンチャーキャピタルによく似たプライベートエクイティ・ファンド（前者は立ち上げ期のベンチャー企業、後者は成熟期の企業に投資を行う）は、こうした業界を丸ごと買収し、企業の長期業績を考慮することもなく、目先の利益を絞りとった。

これらの変化のすべてが、「アメリカンドリーム」の現状に対するアメリカ人の認識を混乱させている。現代は人が一夜にして億万長者になる時代、すべてが可能に思える時代だが、多くの地域社会で経済的機会が消滅しようとしている。大勝ちした人たちが生み出した富は、彼らの子どもたちの世代に恩恵をもたらすかもしれない。だがその一方で、社会に深い怒りが鬱積している。そうした莫大な富が、必ずしも勤勉な努力によって生み出されたものではないという認識が高まりつつあるのだ。

気づいていないかもしれないが、いまの世界は、われわれ自身が数十年かけて生み出したものだ。これからのわれわれの行動次第では、この世界が今後も長期にわたって続くだろう。しかしわれわれが生み出してしまった格差を解消するために、より強力な手段をとることもできるのだ。

第

3

章

鍵のかかったパソコン

Kenya & Back

寄付しがいがある大義

子どもの頃、両親が「一〇分の一税」をいつも几帳面に納めるのを見て育った。税引き後所得がいくらになるかを計算し、その一〇%を寄付する計画を立てる。ほとんどが教会の献金になったが、地元のNPOや慈善団体にもいくらか取り置いていた。両親は寄付額については厳密で、僕にも週五ドルのお小遣いで同じことをしなさいと教えてくれた。父が小切手を書いては、毎週教会の封筒に入れていたのをいまも思い出す。僕も分別がつく歳になると、月に一度封筒に数ドルずつ入れるようになった。

僕はこの伝統を大人になっても守り続け、フェイスブックとオバマの選挙キャンペーンの給与から毎年数千ドルを寄付した。そして二〇〇八年の晩夏、フェイスブックの持ち株のうち一〇〇万ドル相当を、プライベート市場で売却した。つまり計算によれば、その年僕は一〇万ドルを寄付する必要があったが、これだけの金額を、持続的な影響を与えられるという確信をもって寄付できるような先を思いつかなかった。数年後、適切な大義に有効な投資を行うという課題は、さらに複雑になった。フェイスブックのIPO後、僕とパートナーは十分の一税以上のことをしようと、すなわち僕らが新しく得た富の大部分を、生きている間に寄付しようと決めたのだ。

それまでも、重要な大義に取り組むすぐれた組織にささやかながらも寄付を行っていたが、それとは次元の違う話だった。たとえば僕のパートナーがフルタイムで取り組んでいる同性婚の運動に僕らが寄付をするのは当然だった。だがそれ以外のどんな大義を支援できるだろうかと考えたとき、価値があるように思われる大義(それはたくさんあった)と、僕らにとって最も重要な大義とを区別する必要があると気づいたのだ。寄付額にゼロを追加していくうちに、適切な組織や指導者を選定することがますます複雑で、困難で、正しく行う必要のある課題になっていった。この規模の投資があれば、寄付先の組織の軌道を劇的に変え、受益者の生活を大きく改善することができる。僕らは注意深く思慮深い投資を行いたかった。また投資から最大限の効果を得たかった。一ドル一ドルをできるだけ有効に投資して世の中のためになることをしたかったのだ。

僕が力を入れることに決めた大義の一つが、極度の貧困を終わらせるための国際的な取り組みだった。これから、僕が最も有効な方法を探すために行った旅について――またその取り組みが、アメリカの経済的課題に意外なほど大きな意味をもっていたことについて語ろう。そうすることで、僕がどういう経緯で現金給付全般、とくに保証所得が、夢を追い求める力を人々に与える手段だと考えるようになったかを伝えることにもなる。

南京錠のかけられたパソコン

時刻はまもなく正午になろうとしていた。気分が悪く、暑く、眠れなかった。僕はケニア北東部のソマリアとの国境近くの泥道をガタゴト進む、白いランドローバーの後部座席にいた。車六台を連ねたキャラバンは夜明け前にナイロビを発ち、デルトゥという名の寒村を目指していた。

その一年前、一日一ドル未満で暮らす数十億の人々を貧困から救う理論を提唱する、新しい本を読んだ。経済学者で開発専門家のジェフリー・サックスが書いた『貧困の終焉』は、世界的ベストセラーになった。彼はこの本のなかで、富裕国が協力して国内総生産のほんのわずかな割合を貧困撲滅活動に投資することによって、国際社会は貧困を根絶できると主張した。水質浄化や初等教育、農業訓練、農村電化などの一連の社会サービスに十分な投資を行えば、経済開発がおのずと進むはずだというのだ。

彼はこの手法を「統合型サービス提供モデル」と呼ぶ。彼の創設したNPO、ミレニアム・プロミスは国連との協力のもとで、このアイデアを実証するためにアフリカの一二カ所の村を選び、「ミレニアム・ビレッジ」と名づけた。デルトゥの遊牧民の野営地は、これらビレッジの一つだ――彼の理論によれば、この村は先進諸国が貧困撲滅に真剣に取り組むことでもたらし得る成果を示す、格好の例になるはずだった。サックス自身もチームの数人を伴い、僕らの前を走るランドローバーに乗っていた。

五時間ほどドライブして、キャラバンはもうもうと舞い上がる砂埃のなかで止まった。そこにはトタン屋根の家が立ち並び、茶色いセメントの壁は、まるで周りの低木と一緒に砂漠から生え出たように見えた。一番大きな家は兵舎のように細長い建物で、家々の前には草の生えていない空き地があり、その隅にブルーシートの仮設テントのようなものが設置されていた。僕が車から這い出し、地面に降り立ってホッとしていると、五、六人のケニア人が青いテントの陰から出て、こちらに向かって歩いてきた。女性は頭にスカーフを巻き、男性は西洋風の服装をしていた。

デルトゥのある北東州はケニアの領土だが、実質的にはソマリアの一部だ。ここは両国間の国境から約一三〇キロしか離れていない。そしてその国境は、ほかの多くのアフリカの国境と同様、第一次世界大戦中に、両側に住む人々の生活や文化をほとんど考慮に入れずに引かれた。欧米列強の都合で国境が引かれたのと負けず劣らず、デルトゥという村の成り立ちも行き当たりばったりだった。一九九七年にユニセフ（国連児童基金）は遊牧民が使えるようにと砂漠のど真ん中に井戸を掘り、そこを中心として発展した村がデルトゥなのだ。

デルトゥの「住民」は、アフリカ東部の最貧地域の一つに暮らす最貧の人々で、遊牧民の生活様式のために支援がとくに困難である。サックスとミレニアム・ビレッジのチームは困難だからこそ、あえてこの村を対象の一つに選んだ。「ここはかろうじて生き延びている地域社会です」と、ジェフリー・サックスは記者のニナ・ムンクに語っている。▽1 ムンクはサックスのミレニアム・ビレッジでの取り組みに関する本を二〇一三年に出版した。「すさまじいまでの貧困に自然災害、紛争、環境悪化――客観的に見て、これ以上ひどい状態は考えられない」と彼女は書いている。

ビレッジの責任者アーメド・モハメドが出迎えてくれた。長身で短いあごひげを生やし、頭には伝統的な頭蓋帽をかぶっている。彼のすぐうしろにいた数人のビレッジのスタッフは、僕らを見て喜び、安心している様子だった。簡単に挨拶を交わし、テントのなかへと案内された。僕らが伝統的な敷物の上にあぐらをかいて座ると、アーメドたちは到着を祝して、その朝殺したばかりの新鮮なヤギの肉でつくった昼食を振る舞ってくれた。彼らはとりわけサックス教授に恭しく丁重に接し、彼を経済学者というよりは、王族のように扱った。彼が自分たちの生活をよくする力をもっていることを明らかに認識していた。

食事が終わる頃には「ムズング（白人）」が来たといううわさが広まり、数十人の遊牧民がにこやかに微笑みながら僕らを取り囲んだ。英語を話せるのは数人だったが、サックス教授をひと目見ようと集まってきたのだ。真昼の太陽が空高く上り、気温が摂氏三八度に達しようというなか、ビレッジのツアーが始まった。新しい診療所のある小さな建物の外に立ったまま、藪の中ではなく屋内で行われた出産の件数に関する報告を聞いた。窓から中をのぞき込むと、がらんとしているが、きちんと整頓された調剤室が見えた。必要なものはすべてそろっていた。衛生手袋、注射器、視力検査表。何も場違いなものはなく、掃除されたばかりで片づいているように見えた。

次に、子どもたちが学期中に寝泊まりする寮に移動した。アーメドはユニセフに掛け合い、簡素な建物を建ててもらっていた。宿泊施設があれば、親たちは学期中、子どもをデルトゥに滞在させることができる。一年前に建てられたばかりという、あの兵舎のような建物は、男子寮だった。僕は車酔いかヤギ肉か、その両方のせいで、胃がムカムカしていた。日差しに耐えられなくなり、集団から離れて建物に入った。中はずっと涼しかった。アーメドの声は聞こえたし、僕がいないことに誰も気づいていないようだった。中の様子を見てみたかったから、一人で見て回ることにした。

この場所は何かがおかしい、と僕は感じていた。診療所は整いすぎているし、この部屋も片づきすぎている。きちんと畳んだ毛布が置かれた二段ベッドが整然と並ぶ長い廊下を歩きながら、人が実際にそこに寝泊まりしているという証拠を探そうとした——ここに年間を通して暮らしているはずの、数十人の少年の痕跡を。いくら最貧の人々といっても、私物の一つももっていないのだろうか？　鉛筆も、石けんも、紙も、衣服の切れ端すらない。人が暮らしているという気配がまったくないのだ。生徒の寮というより、映画のセットのようだった。

外に戻り、アーメドが話し終わるのを待った。一行は窓から中をのぞき込んでから、次の場所へと動き始めた。僕はみんなと一緒に歩きながらアーメドに近づき、小声で聞いてみた。「持ち物はどこにあるんですか？」彼はなんのことか、理解できないようだった。「子どもたちの私物はどこにあるんですか？　鉛筆や本といったものは？　寮には何もなかった」「みなさんが来る前に片づけたんです」と、彼はうなずきながら答えた。僕もうなずき返し、そのまま歩き続けた。たしかにそうだ——部屋は掃除され、片づけられたばかりに見えた。きっと僕の勘違いなのだろう。僕はデルトゥの貧困の深刻さを理解していなかったのかもしれない。

次に向かったのは小さな校舎だ。教師は以前、遊牧民の野営地まで教えに行っていたが、寮ができてからはデルトゥを拠点に働けるようになったという。教室はがらんとしていたが、チョークや黒板消し、本、簡素な机など、基本的なものはそろっていた。だがここにも人の気配や、本物の子どもたちの存在を思わせるものは何一つない。教師は教室の前に立ち、微笑み、うなずきながら、カリキュラムがどんなに柔軟で現代的かを力説した。

廊下を歩いて、一台のパソコンの横で止まった。パソコンは鉄格子の向こうの机に置かれ、南京錠がかけられていた。サックス教授は、僕がツアーのテクノロジーの部分に関心を払っていることを確かめるように、こちらを見た――僕のためにわざわざ計画してくれたのだろうか？ 教師はソニーが数台のパソコンを寄付し、エリクソンが携帯電話の中継塔を建設してくれたおかげで、生徒はインターネット全体の豊富な情報やコンテンツを活用することができているのだと言った。僕はちょっと引っかかり、今度は全員の前で質問した。

「パソコンを使うのは先生、それとも生徒ですか？」

「両方ですが、主に教師ですね」

「どんなことに使っているんですか？」

「すべてですよ。何にでも使っています」

最初、僕は言葉の問題かと思った。言葉が不自由だと、難しい質問に大まかで曖昧な答えを返してしまうことが多い。だがアーメドも教師も、英語は堪能だった。

不審はますます募った。このパソコンはツアーの当日でさえ、文字どおり鍵をかけてしまわれている。それに、たとえパソコンが実際にインターネットに接続されていたとしても、携帯電話の中継塔や人工衛星を介した接続は遅く不安定で、どのみちネットはとても使いづらいはずだ。ソマリアの砂漠の遊牧民が、グーグル検索を通して世界を知ろうとしているという話にはロマンがあるが、たとえ少しでも使えたとしても、先進国のためにつくられたインターネットが、ここの人たちの日常にそれほど役に立つとは思えなかった。

「具体的にどんなことをしていますか?」と僕は突っ込んで尋ねた。

「それはもう、いろんなことに使っていますよ」

「何か例を挙げてくれますか?」

アーメドが困ったような顔をすると、ミレニアム・ビレッジ・プログラムの白人スタッフが助け船を出して、「授業計画開発」などに使うのだと答えた。僕はひんしゅくを買い始めていたが、せっかく地球の裏側から来たのだからと食い下がった。

「授業計画開発にはどんなサイトやリソースを利用していますか?」

教師の顔に動揺が走った。

「そういう情報はあとで補足します」と、また白人スタッフが口を挟んだ。ほかの人たちは気まずそうに移動を始めたが、誰も口を開かなかった。ツアーは続けられた。

のちにニナ・ムンクが村を訪れ、パソコンは一度もネットに接続されたことがないばかりか、その後一台残らず盗まれたことを突き止めたのである。▽2

そのあともどこか上っ調子で歯切れの悪い報告は続いた。すべてが「とてもうまく」いっていると彼らは言うが、何もかもがおかしいと感じた。ミレニアム・ビレッジは、僕の目には張りぼてのポチョムキン村のように映った。そして僕らはデルトゥに二、三時間滞在しただけで、ランドローバーに戻り、村を去った。ここに来たことで、僕は答えを得るどころかかえって疑問が増えた——そしてその後の二年間で実情が判明する。

このプロジェクトには、そもそもの始まりから疑問の声が上がっていた。僕らが二〇一〇年にここを訪れた直後に発表された一連の論文は、ミレニアム・ビレッジのマーケティング資料に疑問を投げかけた。年次報告書は「めざましい進歩」を謳い、その証拠としてＨＩＶとマラリアの発生率低下、幼児死亡率低下、教育機会の増加を挙げていた。だがアメリカのシンクタンク、世界開発センター（ＣＧＤ）の研究者は、比較対象となる「対照群」や経験的基準が設けられていないため、ビレッジの影響を測るのは不可能だと指摘した。[3]

近隣の村でもマラリアとＨＩＶの発生率は低下し、教育機会は拡大していた。サックス教授は反論を展開したが、開発関係者の多くがプロジェクトを疑問視するようになった。世界銀行開発研究グループのエコノミストは、プロジェクトの成果に関するサックス教授の主張を「不可解である」と片づけた。[4] 一年後、ミレニアム・ビレッジのモニタリングと評価を監督していた責任者が辞任に追い込まれた。[5] ミレニアム・ビレッジでの乳幼児死亡率がケニア全体に比べて三倍速く低下していると見せるために、データを改ざんしていたのだ。

デルトゥのプロジェクト発足から五年後、官民から数百万ドルの支援を集めたにもかかわらず、デルトゥにはまだ舗装道路も電気も水道もなかった。野外トイレは排泄物であふれ、ゴミは積み上がり、[6]地域住民は地元選出の国会議員に一四項目の苦情を申し立てた。サックスはいくつかの村でのプロジェクトを延長するために、七〇〇〇万ドルの追加資金を調達したが、ミレニアム・ビレッジのウェブサイトには、デルトゥでの取り組みは二〇一一年に「完了した」と記されている。こうした実状にもかかわらず、ミレニアム・ビレッジの二〇一〇年の年次報告書は、「五〇万人の生活が目を見張るほど改善された」と自賛しているのだ。[7]

ミレニアム・ビレッジは、アフリカ史上最も高くつき最も混乱に満ちた支援プロジェクトの一つだが、それでもビレッジを運営するNPOミレニアム・プロミスは、慈善団体評価サイトのチャリティ・ナビゲーターで、三つ星（四つ星が最高ランク）の格付けを取得している。ミレニアム・プロミスは、過去一〇年間で二億ドル近い資金を集めた。内部資料であるブランドブックには、ロゴの使用に関するガイドラインが示され、年次報告書とウェブサイトには笑顔や前向きなデータ、具体的な成果が並んでいる。あなたが見たことのある、ほかのNPOの冊子やパンフレットと、外観も感じもよく似ている。外からでは、開発モデルが有効性や信頼性を欠いていることはわかり得ない。

ミレニアム・ビレッジ・プロジェクトが失敗したのは、サックス教授とチームが善意に欠けていたからでは断じてない。彼らがこの大義にどれだけ尽くしてきたかを思うと頭が下がるし、彼らは世界で最も意欲と思いやりにあふれる寛大な人たちだ。しかし、善意と最も賢明な専門家による介入だけでは、人々の暮らしを改善することはできない。

善意が大きな効果を上げる保証はない

このような経緯から、僕のなかではミレニアム・ビレッジは、受益者の主体性と自律性を尊重するのではなく、トップダウンで経済的不平等と貧困の撲滅をめざす手法の代表格になった。この手法では、井戸を掘る、学校を建てるといった、単純で見栄えのよい支援策を行えば、受益者の生活を改善できるはずだと、海外の専門家は想定する。だがどんな文化や場所にも、表に出ないことの多い固有の問題があり、膨大な資金や労力がたちまち無駄になることがある。専門家がナイロビやニューヨークで立てた計画は、カラフルなパンフレットで宣伝されれば、関心を引き寄付が集まるかもしれないが、それが成功する、あるいは数千キロ離れた人々の生活を改善する保証はどこにもない。

誤解のないように言っておくと、ミレニアム・ビレッジのなかにはデルトゥよりもよい結果を出している村もある。たとえばケニアの別の村、サウリは、農業生産量の増加、就学児童の増加、マラリア感染者の減少など、意味のある成果を挙げている。援助活動は成功する場合もあるが、問題は、そのコストだ。同じ金額を使って、ほかにどんなことができるだろう？　もしもより効果的によりお金をかけずに貧困層を支援し、力を与える方法があるのなら、なぜそれを実行しないのか？　受益者の意思決定能力を尊重し、直接彼らに投資する方法があれば、支援を提供する社会により敬意を払い、より大きな影響を与えられるのではないか――僕はそう考え始めた。一ドル一ドルをできる限り有効に投資するには、この問いに答えを出すことが、最も重要かつ最も喫緊の課題のように思われた。

ケニアへの旅の翌年、僕はジュモ（Jumo）という非営利スタートアップを創設した。僕らが目指したのは、アメリカや世界中のNPOが活動内容を広く伝え、新しい寄付者やボランティアとつながる手助けをすることだ。そこでNPOのためのSNSを立ち上げ、五〇〇〇のNPOの参加を得た。だがネットワークを構築するうちに、慈善団体が有効かどうかを問わず、ただ宣伝するだけの媒体になってしまったと感じた。民間企業なら大勢の客が商品を買ってくれれば経営が成功しているとわかるが、NPOにはそうしたフィードバックループがない。寄付件数は慈善団体が行っている活動の質とは必ずしも相関せず、むしろリーダーが大義をどれだけうまくアピールできるかにかかっている。

慈善団体はマーケティング手法を駆使して、寄付額と同じ金額が別の組織から拠出されるマッチング寄付を募ったり、鼻にハエが止まった痛ましい子どもの写真を見せるなどして、善意の寄付者を操ろうとする。不正なことをしているわけではない――たんに同情心を寄付金に変える戦略を開発しただけだ。寄付金を集めなければ、運営費も賄えない。だがこの構造のせいで、組織はみずから運営するプログラムの有効性を検証することよりも、資金を効率的に調達することにおのずと力を入れるようになる。必要な時間と資源をかけて、第三者による影響力評価を受けているＮＰＯはほとんどない。僕がデルトゥのミレニアム・ビレッジで学んだのは、活動に携わる人たちがどんなに誠実で学識豊かであっても、善意が大きな効果を上げる保証はどこにもないということだ。

慈善活動と功利主義の組み合わせ

僕は当初気づかないまま、ジュモをよくある慈善団体の自己宣伝用の媒体にしてしまった。本当にすべきことは、慈善団体の有効性を評価するよりよい方法を見つけることだった。僕はたちまち幻滅して、ジュモを別のオンラインネットワークと統合することに決めた。そしてまだ蓄積しつつあったフェイスブックからの富を、確実に効果を上げられる大義に投資するという課題に、より的を絞って取り組み始めた。ただマーケティングに長けているだけでなく、効果をあげていることが立証できる寄付先を探そうとした。

ある晩遅く、ギブウェル（GiveWell）という団体のウェブサイトに、ブログ記事がいくつか上がっているのに気がついた。創設者の一人がインドを旅したときに書いたものだ。記事を書いたホールデン・カーノフスキーは僕の知り合いだった。彼と同僚のエリー・ハッセンフェルドは一年前、僕らのシェアオフィスのデスクをまた借りしていた。エリーとホールデンはギブウェルを創設する前、世界最大のヘッジファンドの一つ、ブリッジウォーターで働いていて、高額の収入を寄付する先を探していた。

彼らは僕と同様の難題にぶつかった。ヘッジファンドで経済的機会を評価する際に用いるような厳密な手法を使って、寄付を検討している慈善団体を評価できないだろうかと彼らは考えた。「インターネットを探し回ったが、慈善団体自身のウェブサイトからも、それらに寄付を行う財団からも、この問いに対する答えは得られなかった」と、彼らはギブウェルを始めたときに書いている。[▽8] 彼らは寄付を通してできるだけ大きな効果を上げるために、自分やほかの寄付者のために慈善団体の調査と適正評価を行うことを使命に掲げた。

その夜読んだブログ記事の一つは、昔から多くの人を悩ませてきた問題に、短く簡潔な考察を与えていた。「道端の物乞いにお金をあげるべきだろうか？」ホールデンはインドで貧困やホームレスの問題を目の当たりにし、ただお金をわたすだけでよいのだろうかと考えるようになった。僕もその数年前初めてインドに行ったとき、五、六歳の子どもたちに取り囲まれ、手や脚をトントン叩かれた。彼らの薄汚れた哀しげな顔と、「チャパティ、チャパティ、チャパティ」（パンをちょうだい）の大合唱は、今も忘れられない。「ニューヨーク市では無理でもここでなら、個人で小規模な『現金給付』プログラムを行うこともできるだろう」とホールデンは書いている。▽9「問題は、それを行うべきかどうかだ」。彼の提起した問題は僕の頭から離れなかった。

「個人で行う現金給付プログラム」というのは、平たく言えば人々に直接現金をわたすことである。この問いはホールデンのその場限りの思いつきではなかった。彼とギブウェルのチームは、さまざまな社会貢献の手法を分析し評価するうちに、現金給付の効果を調査するべきだという使命感をもった。ギブウェルは成長するにつれ、「効果的な利他主義」運動――慈善において寄付者の心に訴えるような手法を否定し、経験的で透明性があり厳密な評価方法をもとに寄付先を決定しようという運動――によりどころを与える存在になった。

慈善活動に功利主義をあてはめるという、プリンストン大学教授の哲学者ピーター・シンガーが提唱したこの手法は論争を巻き起こした。「比較的少額のお金を寄付することで、あなたは一人の子どもの命を救うことができる」と彼は著書『あなたが救える命』のなかで書いている。▽10

「もしかするとその額は、靴を一足買うのに必要な額より大きいかもしれない。だがわたしたちはみな、飲みものであれ、外食、衣服、映画、コンサート、休暇、新車、家の改修であれ、本当に必要でないものにお金を使っている。どこかの援助団体に寄付する代わりに、そうしたことにお金を費やす選択をすることによって、あなたは救えたかもしれない子どもを見殺しにしていることにならないだろうか？」

シンガーとギブウェル、そして効果的利他主義が追求するのは、ただお金をわたすだけでなく、社会全体としての責任を考え直し、投資された一ドル一ドルが最大の効果をもたらすことを重視する慈善の伝統をつくりあげる、実践の倫理である。

ホールデンのブログ記事はとりあえずの結論で終わっていたが、「現金を直接わたす」という考えの単純明快さに、僕は感銘を受けた。数週間、数カ月と経つうちに、好奇心はますます膨らんだ。そもそも僕はなぜ貧困者自身でなく、外部の学識者やＮＰＯの役員に資金を託すことを当然と思い込んでいたのだろう？　貧困問題の最善の解決法は貧困者自身が知っているかもしれない、という考えの革新性、大胆さが刺さった。またこの考えは、幼い頃から両親に植えつけられた、権力層に対する僕の自然な不信感とも結びついた。デルトゥなどの場所を訪れて慈善ＮＰＯの活動を目の当たりにするたび、不信感はさらに募った。

もし最も効果的な支援方法が、過剰介入して進歩の芽を摘もうとする専門家を一掃することだとしたらどうだろう？

「乳牛をもらってどうしろというんですか？」

数年後、僕は再びケニアに戻り、またしても夜明け前に別の奥地に向かって旅していた。その前日ニューヨークを出発してロンドンへ、ロンドンからナイロビへ、そしてナイロビからキスムという都市へ飛んだ。赤道から一一キロほどしか離れていないというのに、朝の山の空気はすがすがしく涼やかだった。ホテルの外に待っていたのはキャラバンではなく、たった一台の白いバンだ。飛び乗って、六人の仲間と合流した。NPOのギブ・ダイレクトリー（GiveDirectly）で働くスタッフだ。僕は最前列に座り、三〇代の茶色い髪の精悍な男性、CEOのマイケル・フェイが隣に座った。シアヤという町の近くの村落に、僕らは二時間かけて行こうとしていた。

一時間ほど経った頃、タイヤがパンクした。バンは路肩に停車し、僕らは車を降りた。ドライバーがスペアタイヤと交換用の工具を調達する間、何をするでもなく待っていた。交換には時間がかかりそうだった。マイケルはこんなに大事な日に時間を無駄にするなんてと苛立った。頭を冷やしに散歩に行き、落ち着きなくうろうろしていたかと思うと、こっちを向いて叫んだ。「あと三〇キロほどだ、いっそバイクを借りようか?」と彼は尋ねた。「その方が早く着いて、いろいろ見て回れるぞ」。

冗談だと思っていると、現地スタッフが口々に「そうしよう!」と言い出したので焦った。僕が世界各地に同伴している同僚の方を見ると、彼女はとんでもないと、目で合図してきた。「あと一五分待ってみたらどうかな?」と僕は提案した。近くの小屋でファンタを買って時間をつぶした。

僕がケニアに来たのはこれが三度目、ギブ・ダイレクトリーの村を訪れたのは二度目になる。最初に来たのは一年前だった。ホールデンのブログ記事を読んでから、現金給付への関心が膨れあがり、数カ月かけて「現金援助」の世界について得られる限りの情報を集めた。この考えを専門的に研究する分野があり、世界中で現金給付の実験的プログラムが実施され、数冊の本と数百の報告が書かれていることを知った。ちょうどその頃、マイケルと共同創業者の一人で経済学者のポール・ニーハウスは、アメリカの寄付者が支援を最も必要とする人たちに現金をわたすことができる仕組み、ギブ・ダイレクトリーを立ち上げた。二人はハーバードの博士課程在籍中、多くの支援プログラムの有効性に疑問をもつようになった。数百件の研究と彼ら自身の直感が、貧しい人たちを助けるには従来型プログラムよりも現金の方が強力なツールになり得ることを示していたが、アメリカの慈善団体には、必要とする人たちに支援を直接提供する仕組みがなかった。

彼らは自分でやることにした。二〇一〇年に自己資金を用いて、ナイロビのスラム街で一日一ドル未満で生活する家庭に、無条件で一〇〇〇ドルずつ配ったのだ。同年、ギブ・ダイレクトリーを慈善団体として法人化し、外部の寄付者からも資金を募り始めた。

僕はそれからまもなくして、当時まだとても簡素だったギブ・ダイレクトリーのウェブサイトを通じて、マイケルとポールとつながった。数々の賞に輝く経済学者のポールが、仕事の合間に自作したウェブサイトだ。画像は少なめデータが多めの無骨なサイトで、僕がここ数年間見てきたNPOのウェブサイトとは正反対。でもそこが気に入った。彼らがマーケティングに無関心なことは明らかだった。華やかなイベントや美しい年次報告書には目もくれず、従来型のNPOのモデルのすべてを疑問視した。大部分の寄付者が魅力を感じないような方法をあえて選ぶことで、大衆受けする趣向よりも実績を重視する、少数の寄付者に集中することができた。僕は数カ月後に最初の一〇万ドルを寄付し、ギブ・ダイレクトリーはそのうち九万ドルを——携帯電話のテキストメッセージを通じて——一日一ドル未満で生活する九〇の家族に送った(彼らは人件費や間接費を寄付額の一〇%に収めている)。僕にとってこれは、お金を文字どおり手渡しするのに最も近いことだった。

バンは再び走りだしてから一時間後に、また路肩に停車した。見わたす限り小屋は一つもなく、数人のケニア人の女性が包みを抱えて道を歩いているほかは、文明の証拠は見当たらない。この遠征を企画した現地スタッフがバンから飛び降り、「こっちよ!」と地平線に向かって身振りで示した。彼女はさっさと歩きだし、僕らもあとに続いた。

茨に膝を刺されながら藪のなかを二〇分ほど進み、やっと赤土の小屋が立ち並ぶ集落に出た。この小さな村の住民全員が、過去一年間に現金給付を受けていた。M-ペサというモバイル送金サービスによって、約五〇〇ドルずつが二回にわたって、携帯電話に直接入金された。デジタルマネーはいつでも紙幣に交換することができる。▽11 ギブ・ダイレクトリーが支援する村は、どれも舗装道路に接続しておらず、ほとんどが電気や水道などの基本的なインフラ設備がない。村民の大半が零細農家か漁家だ。

ギブ・ダイレクトリーはこうした村のツアーに寄付者やジャーナリストを連れて行くとき、最良の物語をあらかじめ仕立てあげるために、受給者を選別したりしない。訪問する小屋をランダムに選ぶだけだ。話し好きな人に会ったり、すばらしい話を聞いたりできるとは限らないし、そもそも家に誰もいないことも多い。だが華々しい成功例の代わりに、受給者のより代表的なサンプルに会うことができ、つくり話で騙されていないことがわかる。

僕らは受給者を緊張させないように、二つのグループに分かれた。僕のグループは、新しいアルミ板でできた屋根の小屋(道中に見た小屋のほとんどが、わらぶき屋根だった)を訪問した。

応対してくれた女性は身長一八〇センチほどで、質素な綿のドレスと黄色いビニールサンダルを身につけ、スカーフを頭の上で結んでいた。とてももの静かで、僕らの質問にささやくような声で答えた。彼女はこの小屋に一〇年前から住んでいて、夫はほとんどの時間をビクトリア湖で魚を捕ってすごし、子どもたちはもう成人していた。彼らは現金給付の約半分を使って、わらぶき屋根をアルミ屋根に変えた。これで家の修繕費を年一一〇ドルずつほど節約できれば、数年で元がとれる計算だ。現金給付の残りは、食料品や子どもたちへのプレゼントに使ったという。

続いて訪問したもう二軒でも、同じような話を聞いた。別の家族は子どもたちが夜宿題ができるように、小屋に太陽光電球を設置した。ある受給者は、別の慈善団体に乳牛をもらったことを、通訳を介して教えてくれた。「乳牛をもらってどうしろというんですか？ エサをやって面倒も見なくちゃいけない」。家畜はいらないしほしくもなかったのに、慈善団体は彼の関心や飼育能力にはお構いなしに、牛を与えることを決めたという。どの家のドアにもいろいろな色の印がつけられていた。これはさまざまなＮＰＯが何らかのサービスや品をもって訪れたことの証しだ。それらの団体はいまどこにいるのだろう？

その日僕らの仲間が話を聞いた別の受給者は、起業家タイプの若い独身者だった。ケニアで土曜の夜といえば、世界のほかの多くの地域と同様、忙しい一週間を終えて体を休め、リラックスする時間だ。彼の友人たちはソフトドリンクやスイーツ、ビールでパーティーや宴会をした。小型ラジオで音楽を流したが、雑音が混じることが多かった。彼は自分ならもっとよい音楽を演奏できると考え、現金給付でキーボードを購入した。ミュージシャンとＤＪとして演奏するようになり、パーティーの客から少額の料金を徴収した。二回目の給付は、別の斬新なアイデアに投資した。お金の一部で家畜を購入し、残りでミツバチの巣箱を買ったのだ。新鮮で安価なハチミツは飛ぶように売れ、時折ハチに刺されても気にならなかった。彼はこのアイデアで、別の独立した収入源を手に入れた。

ミレニアム・ビレッジの統合型サービス提供モデルや、高い間接費、国連の承認を得た白書に比べれば、ギブ・ダイレクトリーの活動はひどく簡素で明快だ。助けを必要とする人たち自身に、お金の使い道を任せるのだ。村民はみんなでお金を出し合って井戸を掘ることもできるし、学費に充てたり、家に投資してもいい。必ずしも賢明な決定が下されるとは限らないが、このような投資は、受給者の地域の事情や経験に根ざした知識と、自身の人生を決める能力を尊重するように思われた。

現金給付は幸福感を高める

一般にこの種の現金給付は、ほかの援助手法に比べて、対象地域の生活改善効果が高いことが実証されている。ギブ・ダイレクトリーのリーダーは現金給付の効果を評価するために、二〇一一年にマサチューセッツ工科大学（ＭＩＴ）の貧困アクションラボに所属する第三者の研究者に協力を要請した。この分析は独立系ＮＰＯの貧困アクションのためのイノベーションと、国立衛生研究所（ＮＩＨ）の協力のもとで行われた。

研究はランダム化比較試験という、製薬会社が新薬の効果や副作用を検証するのと同じ手法により、現金給付の効果を分析した。研究者は基準を確立するために現金を受け取る前の受給者を調査し、給付後に効果を理解するために再度調査を行って、これらの村の結果を給付を受けていない「対照群」の村のデータと比較した。研究の設計は事前に発表されたため、不都合なデータを排除することは不可能だった。研究者は原データセットを全世界に公開したうえ、独立した研究者を雇ってエラーや矛盾がないことまで確認した。

研究の対象期間は二年間と比較的短かったにもかかわらず、現金給付を受けた人たちの資産と収入、食の安心、メンタルヘルス、女性のエンパワーメントに有意な正の影響が確認された。世帯収入は二七％増加、家畜や住宅などの保有資産の価値は四三〇ドル高まった――一日一ドル未満で暮らす人たちにとっては多大な金額だ。食事への支出が増えたことで、家族の食糧不安指数（欠食と食事の質を測る指標）は低下した。

おそらく最も重要なことに、受給者は幸福度が高かった。研究者が心理的幸福感指数（国際的に標準化された質問票への回答の加重平均）を用いて調べたところ、自己申告による人生満足度の有意な上昇が見られた。『ビジネス・インサイダー』の記者は結果をこんなふうに要約している。「お金を受け取った人たちはより幸福で、人生への満足感がより高く、落ち込む回数がより少なかった」[12]。

また給付を受けた人たちは、給付を受けないが同じ村に暮らす隣人たちとともに、女性のエンパワーメント指数が高かった。この指数は家庭内暴力（ＤＶ）や男性に対する態度などを測る尺度だ。現在、研究者はより長期的な評価を実施し、同様の結果が得られるかどうかを調べているが、これまでの研究は、経済的安定が高まると、家庭内や近隣の全体的なストレスレベルやＤＶ発生率が下がることを示唆している。

興味深いことに、アルコールとタバコの消費量には変化がなかった。研究者は回答者が質問に正直に答えていないのではと疑い、別の方法でこれらの誘惑財の使用量を調べた。電話で話す、友人を訪ねる、などの一般的な活動が五つ書かれたリストを見せて、過去一週間にこのうち何種類の活動をしたかを尋ねる。このとき、一つめの集団が見せられたリストは飲酒と喫煙を含まず、二つめの集団のリストは飲酒を含み、三つめの集団のリストは喫煙を含んでいた。回答者が聞かれた質問は、「過去一週間にこれらの活動のうち何種類をしましたか?」で、具体的にどの活動をしたかを答える必要はなかった。三つの集団の回答を比較したところ、現金給付の受給者が対照群に比べてアルコールやタバコの消費量を増やしたという証拠は得られなかった。[13]

ギブ・ダイレクトリーの研究は、現金給付に関する研究としてはバケツの中の一滴にすぎない。過去数十年間で五六種類の現金給付プログラムに関する二〇〇件近くの研究が行われていて、給付の対象者や頻度、金額などの要因をもとに、さまざまな分析結果が出ている。イギリスのシンクタンク、海外開発研究所(ODI)は、これらすべての研究を総合的に分析し、いくつかの一貫した効果を確認した。現金給付は金銭的貧困を緩和し、貯蓄を増やし、学校出席率を高めるほか、児童労働の低下にも関連している。またほとんどの研究では、成人の労働時間への影響は確認されず、いくつかの研究では増加が示されている。[14] 世界銀行もすべての現金給付研究の分析を行い、現金給付が飲酒や喫煙行動に影響をおよぼすという証拠はないとしている。[15]

国際救済委員会(IRC)や国連世界食糧計画(WFP)などの人道援助団体も、こうした結果を認識している。ＷＦＰは過去五年間に予算の大きな割合を食糧の配給から現金の給付に切り替え、二〇一六年には後者に九億ドルを投じた。「支援対象者は自分にとって何が最善かを決定できる立場にあると、ＷＦＰは考える」と、現金給付の効果に関する考察には記されている。[16]「現金給付は人々に購買力を与えることに、その効果がある」。

ＩＲＣも、世界の難民危機への対策の中心に現金給付を据え、過激派組織イスラム国（ＩＳ）から解放されたイラク人家族や、ギリシャで足止めされた中東と北アフリカからの難民に現金を給付している。ＩＲＣは二〇一五年に人道支援の約六％を現金で給付しており、二〇二〇年までにその割合を四分の一まで増やすことを発表した。[17]

人道組織が給付する現金の絶対額はまだ少ないとはいえ、一〇年あまりで五倍に増えている。[18]また、極度の貧困を憂慮するアメリカの寄付者が、ギブ・ダイレクトリーの活動を支援している。僕が寄付を開始した二〇一二年に、ギブ・ダイレクトリーが集めた資金は合計五〇〇万ドルだったが、二〇一五年と二〇一六年には、運営するプログラムの資金として九〇〇〇万ドルを超える金額を集めている。[19]

国際開発における大転換が、この分野を大きく変容させている。僕はアフリカから戻ってからの一年間で、このアイデアが爆発的に広がる様子を目の当たりにした。ギブ・ダイレクトリーの実験も一つのきっかけだったが、それとは別のブラジルとメキシコの現金給付プログラムも、途上国の貧困・中間層を支援する最善の方法に関する活発な議論を促した。イランは食費と光熱費の複雑な補助金を全廃して、世界初の全国的な現金給付プログラムを導入し、インドも同様の取り組みを検討している。ＩＲＣは災害と人道的救済の領域で現金給付プログラムの試験運用を開始し、また世界の有力シンクタンクが現金の生活向上力を評価する新しい報告書を続々と発表した。こうした分析のほとんどが同じ結論に達している――現金は人々を貧困から救い出す最も有効な方法の一つである。万能薬ではないが、多くのケースで、学校や病院の建設などの支援と並行して、支援プログラムの目玉として推進されるべき方法と見なされている。

国際社会で現金給付への関心が高まるなか、僕はアメリカ国内でくすぶる経済問題にもますます注意を払うようになった。もちろんアメリカは、ギブ・ダイレクトリーが支援するケニアのような国とはほとんど共通点がない。経済規模はケニアの二六五倍で、政府と社会サービスの信頼性ははるかに高い。ギブ・ダイレクトリーのような小規模な国際ＮＰＯの取り組みと、アメリカの政府プログラムとを比べるのは、無理があるだろう。

だが海外支援における現金給付の効果に魅了されるうちに、今日のアメリカに歴史的格差をもたらした経済要因を、現金給付によって是正できないだろうかと考えるようになった。問題の規模ははるかに大きく、はるかに多くの金額を要するため、どんな長期的解決策をとるにせよ、支援を必要とする人全員に現金を与えるためには、慈善活動に頼るだけでなく、公的政策の転換が必要なことは自明だ。

調べているうちに意外な事実を知った。アメリカはすでに世界最大規模の現金給付プログラムを実施している。困窮した貧困家庭の収入を増やし経済生活を安定させるために、使途が限定されない数百億ドルを支給しているのだ。話題に上ることはほとんどないが、ここまで取り上げた国際研究の結論と一致するたしかな証拠が、国内からも多く上がっている。国外と同様、国内受給者にとっても現金給付が費用対効果の高い対策であり、教育と健康の向上に役立つことがわかっている。現行のプログラムを微調整し、拡大することによって、アメリカのすべての家庭が生活をやりくりできるようにすることは可能である。

第4章

生活不安定層[1]の出現

The Precariat

AIが仕事を奪うかどうかはどうでもいい話

ここ二年ほどの間に、テクノロジーやビジネス界のリーダーの間で、AI（人工知能）の脅威に対抗するためには保証所得が必要だという考えが広がっている。たとえばイーロン・マスクとリチャード・ブランソンは、やがて「インテリジェント」なマシンによる大量失業時代がやってくると予想する。そのような世界では、人々が基本的必要を満たせるように支援を与える以外に方法はない、というのだ。

こうしたリーダーたちは、ただ反対したいとか、論争を起こしたいといった理由で、完全な雇用喪失の未来を予想するわけではもちろんない。彼らは、新しいAIとわれわれがすでに知るオートメーションとの間に重要な違いがあることを知っているのだ。オートメーションが、一般に技術と聞いてわれわれが思い浮かべるもの、たとえばロボットアームやATMなどであるのに対し、AIとは、学習能力をもつアルゴリズムや機械をいう。

AIはみずからの行動から得たフィードバックを利用して将来の行動を調整し、人間の知能を模倣する能力をますます高めている。たとえばフェイスブックの画像解析ソフトは、やがてあなたが撮った写真をスキャンし、既存のデータベースと突き合わせ、その写真に「お母さん」というタグをつけますか、と聞いてくるようになるだろう。それに対してあなたが「はい、これはお母さんです」または「いいえ、これはお母さんではありません」をクリックすれば、ソフトは当初の予想の正否を、そのマッチングを行ったアルゴリズムに組み入れる。そして次回はその顔が「お母さん」なのかどうかを、よりよく判断できるようになっている。同じことが、将来の性能計画に絶え間なくフィードバックを反映させている、グーグルの翻訳ソフトやアマゾンのエコーについてもいえる。テスラの自動運転車は、路上走行中に受け取るすべての運転データを収集、保存、分析することによって、運転能力を高めている。こうしたシステムは単なる自動化プロセスではなく、時間が経つにつれてますます賢くなっていく。

ＡＩが将来多くの雇用を破壊する「可能性がある」ことはほとんど疑う余地がないが、僕自身は懐疑的だ。自動運転車は人間の運転手を置き換え、スマートボットは個人秘書を置き換えるかもしれない。医師や看護師、教師、弁護士といったホワイトカラーの仕事は、よりスマートな技術の導入によって大幅に変化するかもしれない。だがこうしたすべては、起こる「かもしれないこと」の域を出ないし、ＡＩの誇大宣伝を信じる必要はないと考える専門家も多くいる。そういう人たちは、「今度ばかりは違う」という主張を信じない。

バラク・オバマ大統領が退任する前、僕はワシントンＤＣの有力な政策シンクタンク、ブルッキングス研究所での小さな晩餐会に招待された。僕は部屋のなかで飛び抜けて若く、またワシントンの制服であるスーツとネクタイを着用していない唯一のゲストだった。当時大統領経済諮問委員会委員長だったジェイソン・ファーマンが、今日の経済における「デジタル競争力」について講演した。プレゼンテーションの半ばで、僕は頃合いを見計らって質問をした。「AIが雇用を奪うかもしれない未来に備えて、どんな対策を考えていますか？」

僕自身はそうした展望に懐疑的な立場だったのだが、ファーマンはいったん沈黙し、ありきたりな人からのありきたりな質問への苛立ちをかろうじて抑え込んでいるように見えた。そして素っ気なくこう答えた。「過去三〇〇年の経済史を考えれば、そんなことはあり得ないと断言できますよ」。これはオバマの経済チームとトランプ政権が同意する、数少ない論点の一つだ。トランプ政権の財務長官スティーブン・ムニューシンは二〇一七年、テクノロジーが雇用を奪うことについては「まったく」懸念していないと言った。「AIがアメリカの雇用を奪うという話ですが、それはあまりに遠い先のことで、わたしのレーダースクリーンにも映っていないほどですよ」とムニューシンは言っている。「たぶん、いまから五〇年か一〇〇年先のことでしょう」[▽2]。

シカゴ大学の研究によれば、経済学者の一〇人中九人までもがファーマンとムニューシンに同意する[▽3]。ファーマンは、のちに重要な演説でこう説明している。「過去から現在に至るまで、いつの時点でも、仕事を求めるアメリカ人の約九五％が職に就くことができています——技術が大幅に変化しているにもかかわらずです」[4]。古くは産業革命の夜明けから、労働者や科学技術者、政治家は、オオカミ少年よろしく、虚報を伝えて人を騒がせてきた。一九世紀初頭のイギリスのラッダイト運動では、織物職人が自動織機に職を奪われることを恐れ、機械を打ち壊した。その一世紀半後の一九五〇年代と一九六〇年代には、初期のコンピュータによる大量失業が近づいているという懸念が、政策立案者やビジネスリーダーの間で高まった。当時の著名な学識者、ジャーナリスト、技術者によってまとめられた報告書「トリプル・レボリューション（三重革命）」は、機械は工業生産を劇的に高め、「人間との協力をほとんど必要としない」ため、歴史上類を見ない不平等な世界が到来すると予測した[5]。この報告書を受けてリンドン・ジョンソン大統領は、「オートメーション、テクノロジーおよび経済進歩に関する国家委員会」を招集し、ロボットが支配する未来に備えた。だがその後の一〇年間でアメリカ経済は一八〇〇万人の新規雇用を創出し、その多くがそれまで存在もしなかった仕事だった。

ときに僕は午前中に雇用の終焉が近づいていると信じるテクノロジー関係者と話したかと思うと、午後には昔から何も変わっていないと考える学者と話すこともある。彼らは必ずしも気づいていないが、すでに判明している事実に目を向ければ、両陣営には合意の余地が大いにある。技術はすでに仕事の性質を変容させているのだ。収入は頭打ちで予測不能で、親の世代よりもよい暮らしをしている人はますます減り、生活費は上昇の一途をたどっている。ＡＩをめぐる議論は、なぜ保証所得が必要かという議論には大方意味がない。われわれは近代史上最も重大な経済混乱を、すでに経験しているのだから。

中流は中流のままか下流へ

将来など予測しなくても、現代の経済が抱える問題に対処が必要なことは自明だ。ＡＩがどのような発展経路をたどろうとも、保証所得は、いま現に支援を必要としている人たちに経済的安定と機会を提供するための最良のツールである。

レイチェル・シュナイダーとジェームズ・モーダックの二人の学者が、技術進歩とグローバリゼーションを柱とするニューエコノミーが労働者の所得におよぼす影響を理解するために、二三五人の中低所得世帯の日々のお金の使い方を一年間にわたりモニタリングした。すべての収入と支出、用途を追跡し、このデータセットをＪＰモルガン・チェース銀行の預金口座の匿名の取引明細書と組み合わせて、さらに大きなサンプルを作成した。彼らの研究の最も重要な結論は、こうである。

とかく所得格差が注目を集めがちだが、経済的な不安定性と、見通しの立たない収入の変動を乗り切ることの困難も、それに匹敵する大きな問題だ。▽6

僕はオバマの選挙キャンペーンで、この種の不安定のなかで来る年も来る年も暮らす女性と働いていた。シカゴの人で、華々しい学歴も選挙キャンペーンの経験もなかったが、自分の州の上院議員をホワイトハウスに送り込みたいという熱意にかけては誰にも負けなかった。ある夜選挙事務所でほとんどの人が帰ってしまってから、彼女はここ数年どんなふうに暮らしてきたかを話してくれた。毎年五月から九月までは地元の遊園地、ネイビー・ピアで働けるだけ働く。秋にピアが休園になると、単発の仕事やベビーシッター、その他あらゆる臨時雇いの仕事を請け負い、お金をかき集め出費を切り詰めながら春までしのぐのだという。そうはいっても一年の大半を通して収入があったし、おそらく彼女はどんな貧困統計にも現れないだろう。大きな挫折が来ないことを祈りながら、その月その月を綱わたりで生きていた。彼女はこの経済が生み出した数千万人の臨時雇用者の一人だ。新聞の見出しによれば、アメリカの失業率は過去最低を更新し続けているというが、そうした数字は不安定な仕事が人におよぼす悪影響を覆い隠している。

彼女のような人たちは、シュナイダーとモーダックの研究で「不安定性の罠」と呼ばれる状況のなかで暮らしている。「彼らは基本的な経済的安定がないせいで、困難な選択を頻繁に迫られる。目先の衝動に駆られ、長い目で考えることができない。収入の急激な変動に、貯蓄と借り入れで対応しなくてはならない。判断の失敗が失敗を呼び、ストレスと不安のせいでさらに困難な状況に陥る[7]」。

ピュー・リサーチ・センターが七〇〇〇人以上のアメリカ人に、収入が安定するのと収入が増えるのとではどちらが望ましいかと尋ねたところ、一〇人中九人までが、金額が多少減っても定期的に収入があった方がいいと答えた[8]。これらの研究の参加者の大半は、今日のほとんどのアメリカ人と同様、何らかの有給の仕事を見つけることはできるが、そうした仕事では定期的な収入の安心感は得られない。

一億五〇〇〇万人のアメリカ人がギリギリの暮らしをしているが、それは努力が足りないせいでは断じてない。貯金しないのがいけない、まさかのときに備えて貯金もせずに、新しいガジェットや車に散財しているのではないのか、といった批判も聞かれる。だがこれらの研究に参加した貧困・中間層の人たちは、ほぼ例外なく、将来に備えてお金を貯める努力をしていた。参加者のほぼ全員が貯蓄口座を持ち、多くの人がお金を簡単には引き出せなくなるような工夫をしていた。ミシシッピのある女性は、わざと自宅から車で一時間も離れた信用組合に口座を開いた。お金をさらに引き出しにくくするためにキャッシュカードを断裁し、（署名済み小切手を担保にとることの多い）消費者金融の誘惑に負けないように小切手帳を粉砕した。[9] 調査対象の家庭から多くの似たような思慮深く用意周到な話が聞かれたが、それでも賃金の下落や入院、育児関連の予想外の出費といった予期せぬできごとのせいで、長期的な貯蓄ができたのは参加者のうちのほんの少数だった。

もしいまの時代は不安定性が常識だというのなら、勝者総取り経済が働く人々の生活に与える第二の影響は、所得階層間の移動性の欠如、つまり出世する可能性の消滅である。僕の両親と祖父母は、ほとんどのアメリカ人と同様、代を追うごとに暮らし向きがよくなるという確信をもっていた。大恐慌までのすべての一〇年間に、アメリカ人の所得は増加し、大恐慌後の数十年間でまた上昇した。人々は約一〇年ごとに仕事を変えたが、給与は一貫して伸びていた。

今日では貧困・中間層の家庭に生まれた人が上の階層に行ける可能性は、全面的に低下している。一九五〇年代のアメリカでは子どもが親より高い収入を得る可能性は九〇％だったが、今は五〇％でしかない。今日フランスの貧困層に生まれた子どもは、アメリカで生まれた子どもよりも、最上位の社会階層に行ける可能性が高い。[10]

今日中流階級のアメリカ人の大半は、同じ階層に足止めされているか、階層が下がっている。[11] シンクタンク、公平な成長のためのワシントン・センターで政策および学術プログラム担当上級ディレクターを務めるエリザベス・ジェイコブズは「中流階級の人は中流階級に留まり続ける、つまり下から上がってくる人のためのスペースが減っているのです」と言う。[12]
雇用の不安定性が増すなか、上位の階層に移動できる可能性はかつてより下がっているのだ。
ただし、経済階層の流動性があった古きよき時代へのノスタルジーに惑わされて、忘れてはいけないことがある。それは、経済機会を提供され利用できたのは、主にアメリカ人のなかのただ一つの社会階層、すなわち白人男性だけだということだ。連邦と地方の政策立案者は、白人の成功を手助けし、少数民族、とくにアフリカ系アメリカ人の成功を阻むような決定を一貫して下した。

ホームステッド法（自営農地法）のような初期の社会扶助プログラムを利用できたアメリカ人は少数だった。この法は、一区画一六〇エーカー（約六五ヘクタール）の未開発の土地を開拓するという条件で、無償で入植者に払い下げるというものだ。アフリカ系アメリカ人は、希望する農民に無償で教育を提供するランドグラント大学への入学を許されなかった（南部の多くの大学は、一九六〇年代末までアフリカ系アメリカ人の入学を拒否していた）。二〇世紀半ばには復員軍人援護法によって、第二次世界大戦の復員軍人は開業資金や住宅資金を低利で借りることができたが、対象は白人のみだった。銀行はアメリカの歴史のほとんどで、しかも公民権法成立後も長きにわたって、アフリカ系アメリカ人への融資を拒否していた。同様に、歴史の大半を通じて、女性の土地購入と所有は法律によって阻まれていた。女性は法科大学院や医学校のような専門家養成機関の多くに入学できず、それがもたらす高報酬のキャリアを得ることもできなかった。今日でさえ、女性はまったく同じ仕事をする男性より一貫して給与が低く、またアメリカには新しい親たち、とくに母親の仕事と育児の両立を支援するための有給休暇に関する国の施策がない。特定の集団にだけ所得階層間の移動性を与えた世界を再現することによって、時代に逆行してまで「アメリカを再び偉大に」する必要などない。必要なのは、すべてのアメリカ人に成功する力を与える、新しい経済秩序を築くことだ。

記録的低水準の失業率なのに……

ニューエコノミーが働く人たちに与えた第三の影響は、生活費のとてつもない上昇だ。NPR（ナショナル・パブリック・ラジオ）の経済情報番組「マーケットプレイス」は、公共放送網PBSのドキュメンタリー番組「フロントライン」と「ニューズアワー」と共同で、一九九五年から二〇一五年までのファストフードから医療、映画、ガソリンまで、あらゆるコストのデータを分析し、決定的な調査結果を得た。「中流階級の生活には、過去二〇年間で三〇％多くのお金がかかるようになった。同じ期間中にアメリカ人の給与は増えていない[▽13]」。

生活に置いおいて重要な住宅、医療、教育の三分野でのコスト上昇が、生活費高騰の大半を説明する。インフレを考慮しても、大学の授業料は二〇年前の二・五倍、育児と医療にかかるコストは一九九七年の二倍だ。住宅、食料、光熱費も当時より五〇％高い（価格が大幅に下落したのはテレビ、玩具、ソフトウェアのみ）[14]。医療、教育、住宅などの「生産」は、オートメーションやグローバリゼーションを経たいまも大して効率化されていない。なぜなら、製造工程に比べて自動化や海外への出荷が困難な、人間の認知的労働に頼っているからだ。中国の工場で製造された安価なテレビを買うことはできても、子どもを北京の幼稚園に入れてお金を節約することはできない[15]。

残念ながら、こうした傾向はいっこうに収まる気配がない。州および連邦政府が支出を抑制するなか、授業料と医療費の上昇傾向は続いている。ＡＩは一部の製品の価格を下げるだろうが、教育や医療のような人間の専門知識に多くを頼る業界のコストは今後も上昇を続けるだろう。ビジネスジャーナリストのジョーダン・ワイスマンは指摘する。「貧困から抜け出すために必要なものの価格が上昇している。慢性病の人が仕事を失わずにいるのは難しい。子どもを誰かに見てもらうお金を払えない人がフルタイムで働くのは困難だ[16]」。

高い生活費は、貧困層だけの問題ではない。諸費用の高騰は、中流階級の大部分にも影を落としている。貧困層は暖房費や家賃の支払いにも困っている。中流階級は空腹を抱えて眠ることはなくても、住宅費、医療費、教育費の上昇によって、ギリギリの生活を強いられている。

経済が労働者におよぼす影響は、毎月の雇用統計の新規失業者数で判断されることが多いが、そうした数字は、多くの就業者が抱える隠れた問題については何も教えてくれない。雇用が安定性と機会に直結していた世界では、人々の経済状況を測る指標として、雇用者数に注目することは理にかなっていた。今日多くの人が仕事に就いているが、生活が安定しているとはとてもいえない。

失業率が記録的低水準にあるこの時期に、ポピュリズムのレトリックを駆使する反動的な大統領が就任したことには、れっきとした理由がある。最低所得を保障してアメリカの貧困層と労働者階級の生活を支え、安定させることにより、これらの問題を解決する力が、われわれにはある。

第
5
章

ベーシックインカムではなく保証所得を

A Guaranteed Income for Working People

ここまで話してきたことをふまえて、次のような提案をしたい。

年収五万ドル未満の世帯の、何らかのかたちで働いている成人一人につき月五〇〇ドルの保証所得を政府が支給する。

つまり一人につき年六〇〇〇ドル、既婚夫婦なら一万二〇〇〇ドルの計算だ。▽1 年三万八〇〇〇ドルの収入しかない夫婦の世帯は年収が五万ドルになり、手取りが大幅に増える。ウォルマートで時給一〇ドルで週二五時間働く独身労働者は、所得が一万三〇〇〇ドルから一万九〇〇〇ドルに押し上げられる。▽2

この保証所得は、これ以上は下がらない下限として、人々の生活を支えるたしかな土台になる。これだけでは誰にとっても生きていくのに十分な金額にはならない。あくまで正規労働や細切れの仕事、非正規労働、その他の公的給付金などからの収入を補うものだ。地域社会に貢献する人は誰でも、たとえ正規の経済から収入を得ていなくても、最低所得を支給される。幼い子どもの母親と父親、高齢の親を介護する人、大学生などがこれにあたる。

果実収穫者やリフトの運転手は、天候不順時や顧客の少ない時期にあてにできる、月ごとの給付金を得ることができる。学生は学業に専念するためのよりどころが得られ、幼い子どもの母親はオムツ代や服代の足しにすることができる。保証所得は不安定な経済生活を安定させ、自分や家族に投資する原資になる。

この規模の保証所得は、二〇〇〇万人を一夜にして貧困から救い、中流階級の多くの人に経済的安定を与えることができる。[▽3]この額があれば自分に投資して小さな事業を始めたり、新しい仕事を求めて新しい町に引っ越したりするチャンスが得られる。生活費の上昇に対処できる。住宅であれ、医療、教育、育児であれ、自分にとって一番大切なことにお金を使うことができる。だがおそらく最も重要な点として、保証所得は夢を追いかける尊厳と自由を何の制約も加えずに尊重するのだ。

年収五万ドル以上の人は、生活をやりくりできるだけの収入があるため、保証所得は得られない（この金額は各州の生活費の水準に合わせて調整される。カリフォルニア州は高めに、アラバマ州は低めに、など）。だが中流階級はその財源を一切負担する必要はない。年収二五万ドルを超えるアメリカの最富裕層が、このプログラムの費用を全面的に負担する。

具体的には六〇〇〇万人の成人に毎月給付を行うことになり、そのために必要なおおよその財源は国防費の半分にあたる、年二九〇〇億ドルとなる。[▽4]つまりこれは非常に大規模で、巨額の費用がかかるプログラムだということだ。公的年金、メディケア（高齢者・障害者向け公的医療保険制度）、メディケイド（低所得者向け公的医療保険制度）に次ぐ、四番目に大きな社会的保障給付となる。

野心的だが、政治的意志があれば実行は可能だ。また社会保障制度などでも前例があるように、最初は小さく始めて、徐々にプログラムの規模を拡大していくこともできる。フランクリン・ルーズベルト大統領が最初の社会保障法案に署名したとき、対象は労働人口の半数に満たなかったが、その後の数十年間でほぼすべてのアメリカ人に拡大された。保証所得もいきなり月五〇〇ドルではなく、たとえば一五〇ドルから始めて徐々に増やす方法をとれば、初期コストは五〇〇億ドルにまで圧縮できる。▽5 長期的には月五〇〇ドルの水準にもっていくが、そこに到達するために、最初は控えめな額から始めることをためらうべきではない。アメリカの政界での変化の遅さを考えれば、州単位でより小規模のプログラムを始めるのもいいだろう。

ノーベル賞経済学者のお墨つき

はっきりさせておきたいのだが、僕が提唱しているのはユニバーサル・ベーシックインカム（ＵＢＩ）ではない。ＵＢＩは、所得や就労の有無にかかわらず、すべてのアメリカ人が無条件で月一〇〇〇ドルを受け取れる仕組みで、コストは数兆ドル規模である。これに対し労働者に対する保証所得は、より狭い範囲の受給者、具体的には困窮労働者を対象とし、コストはずっと少ない。

保証所得によって就労を促進するという考えは、奇説ではない。十数人のノーベル経済学賞受賞者が、保証所得は経済成長を促し不平等を減らすための賢明な手法だと考えている。彼らの多くが道義的観点からではなく、実際的な観点から、その必要性を論じている。「経済全体のパイは拡大しているが、市場にすべてを委ねていたのでは、万人がその恩恵を受けられるとは限らない」と、ロンドン・スクール・オブ・エコノミクス（LSE）のノーベル経済学賞受賞者、サー・クリストファー・ピサリデスは主張する。[6] 彼の考えは、ほかのノーベル賞受賞者の主張とも一致する。ピサリデスはこうもいう。「ユニバーサル・ベーシックインカムは、それを行う方法の一つであり、市場の最下層の人々から労働意欲を奪わずに適切な方法で行うことができるという前提で、わたしが大いに支持する方法である」。

僕が提案している、年収五万ドル未満の世帯の労働者に毎月五〇〇ドルを配るという保証所得は、アメリカの不平等を減らす最も強力なツールになる。また、働けばさらに所得が上がるため、労働意欲をも促すだろう。

第6章

どんな仕事でもいいのか

Worthwhile Work

仕事は意味と絆と目的を与えてくれるもの

僕の父はスナイダー製紙株式会社に巡回セールスマンとして三九年間勤務した。退職前の最後の出勤日、同僚たちが地元ヒッコリーのホリデーインの大宴会場を貸し切り、お別れのランチ会を開いてくれた。当時中学生だった僕も学校を休んで——なにしろわが家の一大事なのだ——参加することになった。

みんなでホテルに入っていくとき、父は見るからに緊張していた。スピーチの原稿が書かれた革張りのノートを、手から手へとひっきりなしに持ち替え、さかんに咳払いをくり返した。父の緊張は伝染した。父の名前がでかでかと書かれた永年勤続を祝うバナーを見て、僕まで不安で落ち着かなくなった。父は何日も前からわが家の狭いダイニングルームとキッチンをせわしなく行き来しながら、スピーチの練習をしていた。いつもの南部訛りをほとんど出さずに、あらたまった耳慣れない言葉遣いで話した。人生の特別な瞬間に恥をかきたくなかったのだ。

あれはもう二〇年も前のことで、最後に壇上に上がった父が何を話したかまったく思い出せない。でも僕が覚えていることがある。それは、同僚のスーツとネクタイ姿のセールスマンのマネジャーたちが、スピーチを終えた父を囲んで談笑し、握手したり抱き合ったりしていたことだ。彼らはその日の主役の父をねぎらうために、わざわざ集まってくれた。午後のひととき、父はキャリアの締めくくりの瞬間に小さな町の英雄として扱われた。

父はいつでも人気者だった。職場では全員の親友であり、信頼できる相談相手であり、癒やしや励ましを惜しまず、仕事でも頼りにされた。秘書が妊娠したとき、上司が浮気をしたとき、顧客が家族を亡くしたとき、誰よりも早くそれを知るのは彼だった。うわさ話で情報を得るのではなく、廊下での静かな打ち明け話で知るのだった。彼が信頼に値する人物だと言うことを誰もが知っていた。

父から工業用紙を購入してくれる得意先にも、親しい友人たちがいた。父は彼らの話に耳を傾け、成功を喜び、つらいときには慰めるなど、何かと世話を焼いた。彼らはお返しに父の世話も焼いてくれた。父は五〇歳のとき、内耳障害で片耳の聴力を完全に失った。鼓膜を取り除く手術を受けるまでの間、いきなり襲う衰弱性の浮動感や吐き気、めまいの発作に苦しめられた。倒れた父を顧客が文字どおり受け止め、彼が回復するか、母が迎えに来るまで付き添ってくれたことが何度あったかしれない。

父が築いた仕事での交友関係は普通より結束が固かったかもしれないが、一般に職場で育まれる人間関係は深い充実感を与えてくれることが多い。ハーバード大学の政治学者ロバート・パットナムは、過去二五年間のアメリカにおける市民参加と政治参加の低下を論じた著書『孤独なボウリング』のなかで、多くのアメリカ人の生活でいまも続いているコミュニティの一つは、職場の冷水機のまわりでの井戸端会議だと指摘する。「専門的労働者もブルーカラー労働者も、職場で長い時間をともに過ごし、昼食や夕食も同僚と食べ、一緒に旅行している。朝早くに出社し、夜遅くまで家に帰らない」と彼は書いている。その結果「離婚が増え、晩婚化が進み、独身者の数はかつてないほど増えている。多くの孤独な人々が心を寄せる場所は、職場なのだ[1]」。

毎月第二水曜日になると、父は営業経路の関係で、シェルビーやチェリービル、ガフニーといった、ノースカロライナ州西部の小さく静かな町の顧客を訪問するために外泊した。夏の水曜は、母も僕も学校が休みで時間があったから、父の青いオールズモビルに乗り込み出張に同行した。あの泊まりがけの旅行は僕にとってはいい息抜きで、ここぞとばかりにふだんと違うことをして楽しんだ。父が営業訪問をする間は、うだるような暑さのなか車で待たなくてはならなかったが、夜になればフェアフィールド・インのプールで遊び、スナックやジュースを自販機で買うことができた――八歳児にとってはパラダイスだ。

あるときの旅行で、車で待つには暑すぎたため、父についてサウスカロライナ州の農村部の小さなオフィスビルに入ったことがある。部屋にはインクのにおいとムスクの香りが漂い、ホコリっぽくよどんだ空気を扇風機がかき回していた。僕はゲームボーイで遊ぶふりをして、父と五〇代くらいの髪が薄くなりかけた顧客との会話に耳をそばだてていた。彼は訛りがひどく、何を言っているのかわからないときもあったが、二人は話が尽きないようで、いつまでも楽しそうに話していた。だが最後に二人は、父の会社のロゴ入りの白いバインダーを見ながら、何やら真剣に話し合った。しばらくして外に出ると、涼風が心地よく顔に吹きつけてきたのを覚えている。やっと車のエアコンで涼めるといううれしい期待も、父の喜びぶりの前にかすんでしまった。歩いて車に戻る間、父は声を立てて笑いながら僕とつないだ手を大きく振っていた。大きな商談をまとめて喜ぶ父を見て、僕までうれしくなった。

もちろん、あの日父が感じた幸せには、金銭的報酬を得られるという喜びもあっただろう。だが当時の僕でさえ、お金がすべてではないことはわかった。父が何か思いがけないが努力にふさわしいことを成し遂げ、達成感を味わっているのがひしひしと伝わった。いまでさえ父は、工業用紙のサイズごとの重さの違いや、どの印刷機にはどの用紙が向いているか、どんな色の用紙があるか、といったことを熱っぽく語ってくれる。父は仕事を通じて築いた関係に負けず劣らず、仕事そのものも楽しんでいた。

すばらしい日ばかりではなかったし、挫折や家庭でのいざこざもあっただろう。だが父は仕事が好きだった。母も同じで、教師の仕事を愛していた。母は普通より数年早く、六〇歳になる直前に退職した。数学教師をしていた小さな高校での最後の数年間、母は生徒を教える以外の雑事に追われるようになった。代数と幾何、微積分基礎の有能な教師の役割以外に、風紀委員、通学バスの監督者、時には担任するクラスの公安官のような役割さえ期待された。それでも母は仕事を愛していた。自分が生徒の人生に影響を与えていることを折りにふれ感じていた。母に憧れて教師になった生徒もいれば、エンジニアや建築家になった生徒もいた。退職後もボランティアで勉強が苦手な生徒の家庭教師をしていた。

僕が九歳か一〇歳のとき、家族でカジュアルなシーフードレストランで食事をしていると、二〇歳かそこらの女性がおずおずと近づいてきた。「ヒューズ先生！」と、彼女は僕らのそばに来て言った。「先生のおかげで人生が大きく変わりました、そのことをお伝えしたくて。ずっとお礼を言いたいと思っていたんです、本当に感謝しています」。母はちょっと首をかしげ、こぼれるような温かい笑みを浮かべて、感謝の言葉にうなずいていた。女性は母と二言三言言葉を交わすと、すぐに行ってしまった。母は父と僕に向き直って、決まり悪そうに言った。「誰だったか思い出せないのよ」。彼女は忘れっぽいわけでも、不誠実なわけでもない――長年の間に何千人もの生徒を教えていたから、誰にどんな影響を与えたのかを覚えていられなかったのだ。

アメリカ人のほとんどは、僕の両親のように働いてきた。僕はこれまで歴史家やエコノミスト、学者、レジ係、ギグ・エコノミーの労働者と、テクノロジーが仕事をどのように変容させているか、アメリカ人という存在の核となるのは何かについて話し合ってきた。エリート層と一般人、左派と右派の意見が一致することが一つある。それは、人は働いた方が幸せだということだ。もちろん、雨風をしのぎ、食卓に食べものを並べ、子どもに教育を受けさせ、病気のときに医師にかかるためにも、働く必要がある。だがそれだけでなく、仕事は人生に意味と人とのつながり、目的を与えてくれる。どんな人も経済的安心感のある暮らしを送る権利があるように、仕事にやりがいを感じる権利がある。

「仕事の尊厳」という言い訳

一般に、保証所得の提唱者は仕事についてあまり語らない。語ったとしても、保証所得を「仕事がない世界」や、いまよりずっと働き口が少なくなった世界に備えるための手段と見なす場合がほとんどだ。僕の立場は違う。仕事はいまの自分やこれからの自分をつくる重要な要素だと、僕は考える。人はやりがいのある有意義な仕事――これには介護をする、教育を受けるなど、伝統的に無給の仕事も含まれる――をすることで、より幸福に、より健康になり、より充実感を得られるのだ。[▽2] 誰もがこのことを直感的に理解している。心理学の研究も、仕事をする人がより幸福で、より健康で、長生きさえすることを示している。[3] これに対し、長い間有給の仕事に就けない人は、うつになったり、苛立ちや集中力の低下、意思決定の困難、不眠などの症状を示す可能性がずっと高い。また失業者は自分や家族の期待を裏切ったという自責の念に苛まれやすい。新しい仕事を得るとこうした感情は薄れるが、うつに陥るよりも回復する方が時間がかかる。[4] 失業がもたらす苦痛は根が深く、しつこく続くこともある。

さらに、失業に伴うストレスとうつは、身体に深刻で具体的な影響をおよぼし、早死の原因になることさえあるのだ。アン・ケースとアンガス・ディートンによる最近の衝撃的な研究によって、アメリカの中卒の白人という、労働市場の変化にとくに大きな影響を受けている人たちの死亡率の上昇に一躍注目が集まった。ケースとディートンの研究は、こうした「絶望死」と、低雇用がもたらす累積的な悪影響との間に関連性があることを立証した。[5]

高い薬物乱用率と自殺率は、失業と相関性がある健康への悪影響の多くや早死の原因である。失業者はアルコール依存症や薬物乱用、自殺による早死を招く心理的葛藤に陥りやすい。[6] 失業者はフルタイムで雇用されている人に比べ、違法薬物を使用する可能性が二倍高い。[7] 失業率と麻薬性鎮痛剤（オピオイド）乱用の相関性は、驚くほど高い。[8] ある郡の失業率が一％増加するごとに、オピオイドによる死亡率は四％近く上昇し、救急外来の受診件数は七％増加するのだ。

一方で、仕事を美化しすぎるのも問題だ。政治指導者は「仕事の尊厳」を強調するあまり、どんな種類の仕事も仕事がない状態よりはましである、などと言ってはばからない。二〇一六年の大統領選挙では、共和党の大統領候補ドナルド・トランプとオバマ政権の副大統領ジョー・バイデンが、激戦州だったペンシルベニア州の斜陽の町スクラントンで、両者ともどんなに屈辱的な仕事でも失業よりはましだという前提に立って論戦をくり広げた。多くの人権活動家も同様の考えを表明してきた。マーティン・ルーサー・キング・ジュニアも労働に関する演説で、仕事の尊厳を賞賛した。「もしも道路清掃人になるのが天職ならば」と彼は一九六七年に述べた。「ミケランジェロが絵を描いたように、ベートーベンが作曲したように、シェイクスピアが詩を書いたように、道路を清掃すべきだ。天と地の人々がみな立ち止まり、『ここにかつてすばらしい仕事をした、偉大な道路清掃人がいた』というほど見事に道路を清掃すべきなのだ▽9」。

社会に対するどんな小さな貢献にもたしかに価値はあるが、機械にはできない、より有意義な仕事がしたいと思うのも人情だ。仕事の尊厳を美化することの何が問題かといえば、意味のある仕事と暇つぶしの仕事、破壊的な目的をもつ仕事などを区別せず同列に扱う点だ。同じ仕事でも、有意義でやりがいのある仕事もあれば、ただの苦役もある。破壊的な目的に向けられる仕事もある——麻薬の売人やインサイダー取引をする人もそれなりに高い職業倫理をもっている。仕事の尊厳をむやみに神聖化すると、人が本来求めるべき仕事が、目的意識をもてるやりがいのある仕事——前向きで、人に賞賛される、実のある仕事——だということがうやむやになる。

残念ながら今日のアメリカの仕事の多くが、煩雑で消耗する労働だ。アメリカで最も成長著しい雇用部門である、小売・サービス部門の仕事には、ファストフードのレジやフライヤー（揚げ物機）の前で立ちっぱなしの仕事も含まれる。工事現場での仕事は、真冬を含め四季を通じて屋外で働かなくてはならない。炭鉱夫や食肉処理の仕事はもちろん、住宅やオフィスの清掃も、著しくやりがいに欠け、肉体的にも大変な仕事だ。劣悪な仕事にも目的意識をもって取り組む人はいるが、多くの人にとっては生活費を稼ぐための唯一の選択肢だから、辞めるに辞められない。

「仕事の尊厳」という言葉は、とくに政治的右派によって、社会保障制度から人々を追い出すための体のいい口実として用いられることが多い。フランシス・フォックス・ピヴェンとリチャード・クロワードは画期的著作、*Regulating the Poor*（貧困者統制、未邦訳）のなかで、政府がありとあらゆる方法で恣意的な規則を用い、人々の住宅を立ち入り検査し、カラーテレビをもつことを禁止し、女性にプライバシーに関わる質問に答えさせようとしてきたと書いている。

同書によると、たとえば要扶養児童家族扶助（ＡＦＤＣ）と呼ばれる初期の社会保障政策は、寛大な精神を謳いながら、その実は人々の生活に土足で踏み込むようなものだった。「ＡＦＤＣを受給する母親たちは、性行動に関する質問（「最後の生理はいつでしたか？」など）への答えを強要され、クローゼットを検査のために開かれ（「この下着は誰のですか？」）、子どもへの質問を許可させられた（「男の人がお母さんを訪ねてきませんか？」）。「予告なしの強制捜索、たいていは真夜中すぎの令状もない捜索により、『不道徳な』活動の兆候を探し回られることも、ＡＦＤＣ受給者の生活の一部だった」ともある。どんな仕事でもいいからとにかく働くべきという風潮は、貧困者の生活を統制するという伝統的な価値観を継承したもので、貧困者が何らかの有意義でやりがいのある仕事に就くことを促すこととは関係がない。[10]

たとえばアーカンソー州知事エイサ・ハッチソンは、受給資格者の数を減らす目的で、同州のすべての社会的セーフティネット・プログラムに就労要件を導入した。「アーカンソーで週二〇時間以上雇ってくれる仕事を探せない人は、どんな種類の食料支援も得る資格がない」と宣言し、数万人からフードスタンプ（食料配給券）受給権を剥奪した（目下の失業率は低いとはいえ、毎月数万人のアーカンソー人が、往々にして何の落ち度もないのに一時的な失業状態に陥っている）。

いくつかの州があとに続こうとしているほか、共和党は同様の要件を全国的に導入することを検討している。そしてそれだけでは十分でないというかのように、ハッチソンは低所得者向けの公約医療保険制度であるメディケイドに頼る二四万人の州民にも就労条件を課すことを連邦政府に申請しているのだ。これが通れば、彼らは人生の仕事のない時期に、安価な医療保険を利用できなくなる。アーカンソーでは「就労要件」といえば、貧困者の生活をさらに困窮させる政策を意味する符号となっている。

このような就労要件の強化は、政府援助の受益者に対する危険な人種的ステレオタイプを植えつけかねない。ロナルド・レーガンは一九七六年の大統領選挙で、「巨額の社会保障費をだまし取り、女王のような暮らしをしていた黒人女性がいる」と吹聴し、福祉政策の弱体化を図ろうとした。のちにこれはつくり話だということが明らかになったが、この悪名高い「福祉の女王」という言葉は、政府給付金に寄生する黒人女性と、勤勉な白人男性のブルーカラー労働者の対照的なイメージを想起するものだ。だがこれはまったくのいいがかりだ。実際、労働力率は白人男性（七二％）よりも黒人女性（七六％）の方が高いのだ。[11] しかもこれは多くの女性が担っている介護のような非正規の仕事を含まない数字である。

仕事のマッチングがうまくいかない理由

僕は就労要件が悪意をもって利用されてきたことを知り、国が所得ではなく雇用を保証するべきだとする、一部の左派の主張には疑いをもっている。この主張の根底にあるのは、正規の労働力に参加していない数万人が経済的安定を保障されるためには、実体のよくわからない新しい仕事に登録することが必須であるという考え方だ。

こうした計画のなかでも具体的なものを一つ紹介しよう。それはジャーナリストのジェフ・スプロスが構想するもので、地方自治体の職員が地域のインフラ整備プロジェクトを物色し、教会や市民組織に新しい仕事のアイデアを提出させるというものだ。「求職者はこのような地域事務所に出向き、そこで連邦のデータベースによって最も適したプロジェクトを紹介される」[12]と彼は書いている。「重要なこととして、労働者はすでにもっているスキルに応じて、近隣の仕事にマッチングされる」。この計画にかかるコストは所得保証よりも大幅に高く、国が一四〇〇万人もの新しい労働者を雇用するコストは年間七七五〇億ドルにも上る。[13]

こうした雇用保証プログラムがうまくいくという証拠はほとんどない。著名経済学者らによる二〇一五年の研究は、二〇〇〇の労働政策の有効性を評価し、政府支援の雇用プログラムは一貫して有効性が低く、なかには悪影響をおよぼしたものもあるという結論に達した。[14] 連邦政府による雇用保障という提案に賛成するには、求職者が希望し必要とする仕事を政府が探してくれる、という信頼があることが不可欠だ。地域のＮＰＯや教会が、連邦雇用データベースを利用して、一四〇〇万人を新しい仕事にマッチングできるという考えは、よく言っても現実離れしている。政府は多くの人に仕事を提供することが可能だし、現に提供してもいる――アメリカの労働人口の一五％近くがすでに連邦・州・地域政府に雇用されている。しかし雇用保証によって、幅広い経済的安定を提供するというのは、雲をつかむような話だ。それは、何が仕事としてふさわしいか、そうでないかを政府が指示することによって、貧困・中間層の生き方までを指図する、旧態依然としたやり方にほかならない。

それよりも必要なのは、人々が希望する仕事、自分にふさわしい、やりがいのある仕事を探す機会を提供するような社会政策である。雇用を保障する最善の方法は、さらなる訓練を受け、育児の費用を賄い、就業機会が豊富な場所に引っ越す原資になる現金をわたすことだ。これから見ていくように、少額の現金を支給しても、人々は労働市場から退出せず、むしろ現金を活用して仕事を探そうとすることが、アメリカ国内ですでに実施されているプログラムによって実証されている。保証所得によって経済的安定が得られれば、人々はやりがいがあり、目的意識がもて、自分のスキルにふさわしい仕事を選ぶことができるのだ。

今日、職場でのハラスメントや無理なシフトの強要に苦しむウォルマートの労働者は、仕事を辞めれば失業保険を得ることはできない（アメリカでは自己都合で仕事を辞めた場合は失業保険を受け取ることができない）。だが保証所得という支えがあれば、新しい仕事を探すまでの数カ月間、この小さなクッションを生活の足しにすることができる（納税申告書に前年働いたことが示されているから、この年は一年間にわたって保証所得を受け取れる）。こうした安定性があれば、当座の給与は多少よくても将来性のない仕事を断り、給与は少なめだが長期的に成長の見込める仕事に就くこともできる。

仕事とは認識されない労働

人によっては、最も充実したやりがいのある仕事を無報酬で行っている場合もあるだろう。この種の仕事は、社会で重要な役割を果たしているのだから、実態どおり真の仕事と認められるべきだ。現代では厳密にいうと、人が仕事をしているといえるのは、法的に認められた事業体に正規に有給で雇用されている場合に限られる。彼らはフォームW－4〔被雇用者課税控除票〕またはフォーム1099〔個人事業主の場合〕を受け取り、給与は最低賃金法によって規定され、彼らの生産額はＧＤＰなどの経済統計に含まれる。

歴史を振り返ってみると、過去には仕事というものにここまで明確な線引きはされてこなかった。たとえば僕の祖父が育った農場では、全員が協力して作物を育て、家事を切り盛りし、助け合うのがあたりまえだった。今日ではこの種の仕事の多くが、かつては明らかに仕事だったにもかかわらず、仕事と認識されていない。現代の仕事の定義は、人々が家族経営の職場から離れ、体系化が可能で州が確認することができる雇用関係を結ぶうちに現れた、比較的最近の発明物である。仕事の定義は狭くなり、白人男性の活動に合致したものになった。

だが、家で幼い子どもの面倒を見ながら料理や掃除などの家事をする人は、工場労働者や起業家と同じくらい生産的である。高齢の親を介護する――父母の着替えや食事、入浴を手伝う――大人は、社会的に価値のある大変な活動を一日中行っている。講義の聴講や研究、論文の執筆、試験勉強に明け暮れる学生は、給与をもらっていないだけで、やはり労働に従事している。社会に貢献している以上、こうした人たちも労働者として認識されるべきだろう。過去数十年間に用いられてきた狭義の「仕事」よりも労働の本質についての歴史的見解により近い、より現代的な仕事の定義がなされるべきである。

現在、三〇〇〇万のアメリカ人が、こうした仕事とは認識されない労働に従事し、公的給付金の多くから締め出され、そのせいで貧困ラインに近い生活を余儀なくされている。[15] 保守系シンクタンクのアメリカン・エンタープライズ研究所（ＡＥＩ）によれば、貧困層の四分の一が、保育や高齢者介護の費用が収入を上回るという理由から、有給雇用に就いていない。また、別の五分の一が、学校に通っている。いいかえれば、「働かない」貧困層（ノンワーキングプア）のほぼ半数が、家族の世話をしているか、教育を通じて能力の向上を図っている、ということになる。[16]

こうした例のすべて――育児、高齢者介護、高等教育――は、アメリカ人が提出する確定申告で確認できる。扶養家族が申告され、支払った授業料の金額が記録されている。[17] これらは毎年内国歳入庁（ＩＲＳ）によって監査されるため、申告を立証するための新しい機関を設置する必要もない。さらに拡張的な仕事の定義には、地域社会や宗教の奉仕活動、芸術活動などを含めるべきだが、これらは立証がより困難だ。長期的には、こうした人たちを広義の仕事に含めるために、これらの活動に従事していることを確認する方法を考案する必要がある。だがわれわれの考える社会政策に介護と教育を含めることなら、いますぐにでも始められる。この方法をとれば、非典型就業形態に従事する数千万の人々の家族や地域社会に対する貢献に光を当てることができる。[18]

直感に反するかもしれないが、そうした仕事の多くは「未来の仕事」だ。とくに介護は多くの雇用が創出されている分野である。わが国で最も急速に増大しつつある人口層は、八五歳以上の層で、介護を必要とする高齢者の総数は二〇五〇年までに二七〇〇万人と、現在の二倍以上になる。[19] 高齢者を収容する施設に不信を持っている人は多く、それにはもっともな理由があるように思われる。老人ホームに入る人の大半が、入居後二年以内に亡くなる――メディケイドの総予算の約半分が、老人ホームの莫大な料金を賄うために費やされているにもかかわらずだ。[20] 多くのアメリカ人は、高齢の家族を自宅で看取りたいと考えており、またその方がより長く生きられ、介護のコストも低いように思われる。

だが高齢者の介護と住まいを提供する責任を担う人は、過酷な個人的犠牲を強いられる。[21]「介護者の七〇%が、労働時間の削減、転職、辞職、休職などの変化を強いられたと報告している」と、学者でオーガナイザーのアイ＝ジェン・プーは著書 *The Age of Dignity*（尊厳の時代、未邦訳）のなかで述べている。[22] 介護者が失う収入は驚くほど高額で、全米最大の圧力団体AARP（旧称全米退職者協会）によれば一人あたり生涯で三〇万ドルにも上るという。「彼らは新たな支援を受けずに、またはその存在すら認識せずに、介護を行っていることが多く、そのせいで生活のほかの分野に積極的に関わり、生産的な活動をすることが難しくなっている」。[23]

今後、高齢の親や祖父母を自宅で介護する必要がますます生じるが、現在の政策はこれを仕事と認識していない。また政府は、五歳以下の子どもの面倒をつきっきりで見ている数千万人の親の仕事も認識していない。とくに母親は授乳や洗濯、掃除、料理に膨大な時間をかけているにもかかわらず、その労働の価値を評価されることがない。

育児や高齢者介護、料理、掃除、住宅の維持保全といった、見過ごされてきた家庭内労働の価値を定量的に評価することに数十年間取り組んでいる経済学者のグループがある。アメリカ人がさまざまな活動に費やす時間を定量的に把握するための信頼のおける手法、アメリカ時間利用調査（ATUS）を用いて、家庭内労働を仕事として算入した場合、アメリカのGDPはいまより二六％増えると、彼らは推定する。つまり四兆ドルを超える経済活動が、時代遅れの「労働者」の定義のせいで認識されていないのだ。[24] そして、これらの労働者が無給なのはいうまでもない。この認識されない仕事に従事してきた人の多くは、昔から法律によって一貫してなおざりにされてきた女性と有色人種である。

これらの数字にもアメリカの大学に通う数千万人の学生の仕事は含まれていない。学生が給与を支払われないのは、今日費やす労力が将来の収入になるからだ。だが学業に専念し、食費や保育費を賄うための、基本的な経済的安定を得る権利が、すべての学生にある。富裕層の学生は、わが子が学業に専念できるよう手を尽くしてくれる親から、一種の「保証所得」を得られるという強みがある。貧困・中間層の学生も同じ扱いを受ける権利がある。

理不尽な上司のいる職場から避難するための元手

理想的には、どんな人も自分の愛する仕事をする機会を与えられるべきだ。僕は両親が仕事から充実感を得ているのを見て、仕事を好きでいられることのすばらしさを幼心にも理解した。いま僕は仕事として保証所得の実現に向けて取り組んでいるが、その時間は僕の人生の最も充実した部分だ。

月数百ドルの現金を支給されたからといって、誰もが一夜にして希望の仕事を得られるわけではないが、このお金は職業学校に投資したり、自分のスキルに最も適した仕事が得られそうな場所に引っ越したりするために利用できる、補助エンジンのようなものと考えてほしい。理不尽な上司のいる職場から避難するための元手にもなる。これだけのお金があれば、幼い子どもや高齢の親の面倒を見るために、労働時間を減らし、家にいる時間を増やすこともできる。自分の住むコミュニティや自分で作ったものを売れるオンラインサイトで小さなビジネスを始める元手にもなる。保証所得は数千万人に、自分にふさわしい仕事を選ぶ機会を増やしてくれるだろう。

働けない少数の人たち、とくに病弱な人や障害のある人、へき地に住む人は、広義の仕事に従事する人だけに与えられる保証所得からとり残されるかもしれない。こうした人たちも支援を受ける権利があり、社会保障身体障害保険（ＳＳＤＩ）のようなプログラムが重要なセーフティネットを提供している。僕のおじは、職場で何十年もケーブルを張る重労働をしていたために、四〇代で変性円板疾患を発症した。子どもの頃、家族の農場でトラクターに轢かれたときのケガが激務によって悪化し、一生障害を抱えることになってしまったのだ。ＳＳＤＩの給付金がなければ、おじ夫婦はその後の数十年間生計を立てることができなかっただろう。

セーフティネットは働けない人たちを支援するためのものだ。そしてそれ以外の、伝統的または非伝統的な仕事で十分な収入が得られないすべての人にとって、保証所得は安定した生活と、やりがいがあり自分のスキルに合った仕事を探す機会を確保するための、最も効果的な手段になる。

第7章

やみくもな理想主義

Untethered Idealism

高みを目指せ、そして想定外を想定せよ

二〇〇七年二月、僕はラップトップと六冊の本の入ったバックパックを背負い、特大のスーツケースを引きながら、シカゴ・オヘア国際空港に降り立った。ここ数十年で最も厳しい冬を迎えていたシカゴに来たのは、バラク・オバマの大統領選挙キャンペーンで働くためだ。僕はのちに結婚することになるパートナーと住んでいたカリフォルニア州パロアルトの家の荷物をまとめ、新しいアパートメントが見つかるまでの間、倉庫に預けておいた。空港からブルーラインに乗り、ループ（環状線）内の高層ビルの一七階にあるオバマの仮設選挙事務所に直行した。

シカゴで選挙事務所を設営しているスタッフにとっては、フェイスブックの人気の高まり――ユーザー数は一八〇〇万人に達しようとしていた[▽1]――など、眼中にないようだった。ようやく選挙対策本部長のデイビッド・プラフが僕を迎えてくれたが、すぐに仕事に戻っていった。新しい上司のジョー・ロスパースは不在だったが、オバマが「フェイスブックによってつくり上げられた候補」だなどといわれないよう、気をつけてほしいという警告を、僕はすでに受けていた。「あなたがこのプロジェクトのリーダーとして働くためにフェイスブッ

クを辞めたこと、さらに重要なことに、当キャンペーンとその目的が、フェイスブックとはまったく何の関係もないことを、あなたは労を尽くして明確に示さなくてはならない」と、彼はメールに書いてきた。

オフィスにたった一人いるはずのデジタル要員を探した。ジョン・ジョーンズは僕とほぼ同年齢で、キャンペーンはまだ始まったばかりだというのにやつれて無精ひげを生やしていた。僕らはすぐに気が合った。彼はペンシルベニア州スクラントン出身で、彼を苦労してタフツ大学に行かせてくれた労働者階級の両親のもとで育った。また僕と同様、最も理想主義的な理由から選挙キャンペーンに参加していた――バラク・オバマの物語と現実的な理想主義に心を揺り動かされたのだ。政界では、「フセイン」というミドルネームをもつ、アフリカ系アメリカ人の駆け出しの上院議員を支持するなど馬鹿げていると見る向きもあった。だがオバマは変革をもたらす力をもち、民主党予備選の本命候補で、ホワイトハウスに到達する可能性さえあると僕らは考えていた。リスクを冒して初期からキャンペーンに参加したスタッフは一人残らず、「まさか」が現実になり得ると信じていた。

シカゴでの最初の二週間の記憶はぼやけている。アパートメントを探し、チームメンバーの採用を開始し、ジョンといろいろな仕事にとりかかった。集会の映像を整え、サポーターがイベントの申込みをするページを作成し、一斉配信するメールのメッセージを明瞭で肉声が伝わるように手直しし、そして当然の成り行きとして、オバマ上院議員のフェイスブックとマイスペースのページの編集も行った。夜を日に継いで、日を追うごとに忙しさとめまぐるしさが増していった。デジタルチームは拡大を続け、この人員で一〇〇万人近いユーザーが利用するSNSを構築することができた。サポーターにとってはこのSNSが、人々を動員し、草の根イベントを開催し、資金調達目標を定めるための足場になったのである。

僕にとっては、ネットワークの構築・管理という技術的な仕事はなんでもなかったが、人々をまとめあげるという仕事は大変だった。活動家に、どんな貢献ができるかを十分理解してもらえる程度にはくわしく、何から何まで指図されていると思われない程度にはゆるい、適切な指示を与える必要があった。さらに大変だったのは、選挙キャンペーンの上層部に、従来のトップダウン型の指揮命令体制では通用しないことを理解してもらうことだった。本部がメッセージを一元管理して現場の活動にいちいち口出しする代わりに、サポーター自身がネットを通じて支持層を拡大していけるように、分散型の手法をとることが必須だった。

いまから思えば小さなことのようだが、どんなに情熱的または暴走的なサポーターにも、キャンペーンサイトのブログに書きたいことを書いてもらう――またどんなに経験の浅いサポーターにもイベントをやってもらう――というアイデアは、前代未聞だった。キャンペーンが何を必要としているかをきちんと説明したうえで、サポーターに自由を与えれば与えるほど、ネットワークは拡大していった。僕らは最初こそ地味な技術系の変人扱いだったが、SNS経由の政治献金額とボランティアの動員数がふくれあがるうちに、たしかな手応えを感じるようになった。裁量も拡大し、SNSで活動を組織化するボランティアをサポートするための専門スタッフを十数人採用することができた。

僕らが投票日の夜に勝利を伝えるメールやメッセージの送信ボタンを押す前から、記者や学者は僕らの戦略を分析する記事やレポートを書いていた。技術の独自性がとかく注目を集めたが、勝利をもたらしたのはSNSの派手な機能ではない。そもそも機能といっても既製のかなり単純なものだ。勝因は、従来型の階層組織を運営していた上層部を説得して、異質な草の根のデジタル組織と力を合わせることができた点にある。活動家やボランティアは、自分たちが変革を起こしつつあることを肌で感じとり、みずから行動する力を与えられ奮い立ったのだ。

フェイスブックとオバマの選挙キャンペーンという、最初の二つのキャリア経験は、僕に明白な教訓を与えてくれた。

高みを目指せ、そして想定外を想定せよ。

適切なチームと価値観があれば、ほぼ一夜にして変革を起こせる。

僕はこうした経験を通して、慣習を破り、新たな時代に合わせて組織を刷新する自分の能力に、自信が持てるようになった。

『ニュー・リパブリック』の教訓

その二年後、活字メディアのための新しいビジネスモデルを開発するという、同じくらい困難な取り組みを決意したとき、僕自身を含む多くの人が、ひょっとするとうまくいくかもしれないと思った。一度の大成功はまぐれ当たりでも、二度の成功は才能の証しだと言ってくれる人もいた。僕が一〇〇年の伝統をもつ左派系の雑誌『ニュー・リパブリック』の買収を検討しているといううわさが広まり始めると、『ハフィントン・ポスト』は「リパブリックの救世主になるか?」という見出しをつけて、その日の特集記事に取り上げた。この見出しはじつに馬鹿げていたし、僕の理不尽なまでに無謀な野心を考えれば、冷静な外部者なら誰でも物語の結末を容易に予想できただろう。

『ニュー・リパブリック』での失敗は、僕がいまやっていることと直接的に関係している。それは、僕がここ二年ほどでますます注目を集めるようになったユニバーサル・ベーシックインカム(UBI)ではなく、より控えめな保証所得を支持する主な理由なのだ。現実的で実践的な根拠に欠ける、やみくもな理想主義が望ましくない結果をもたらすことを、僕はこの経験から学んだのである。

買収を決意する数カ月前、同誌のバックナンバーを読むために、ニューヨーク公立図書館を訪れた。地階にある創刊期のバックナンバーを閲覧するには、図書館員にリールを出してもらい、まだ動いていること自体が驚きの一九七〇年代の古めかしいマイクロフィルム・リーダーで読みとる方法しかない。それから数日間、次から次へとリールをかけて雑誌に目を通した。早回しして適当なところで止め、そのページの記事を全部読んだ。こうして、この雑誌の価値観がどのような変遷を経てきたのか、二〇世紀を通じてアメリカのリベラルな政治思想にどれほど大きな影響を与えてきたのかを、急速に学ぶことができた。

『ニュー・リパブリック』は、大学生になってから主にオンラインで時折読んでいたが、一九一四年に創刊されたときの歴史的背景や、創刊時の編集方針までは十分理解していなかった。近年では、チャールズ・マレイの「ベルカーブ」のような、物議を醸す記事を掲載したり、ジョージ・W・ブッシュのイラク侵攻の決定を賞賛するなど、辛辣で偏屈な論調になっていたが、創刊以来今に至るまでの大半においてはリベラルと市場志向を標榜し、(創刊期の)進歩主義が掲げた権利と自由を保障する強力な政府の必要性を訴えてきた。これは僕の信じる価値観とも通じるものがある。

僕にとって『ニュー・リパブリック』は、たんなる雑誌というよりは、アメリカの知的生活を支える組織だった。時代時代の政治問題のほか、文学や哲学、文化の話題を広く取り上げていた。印刷媒体とモバイル機器の両方で読めるようにして、この雑誌のジャーナリズムのもつ力を、より多くの新しい読者に届けられたらどうだろう？　紙とデジタルの両方に投資すれば、どちらか一方が犠牲になることもない。そう考えた。

二〇一一年の晩秋、僕はビル・アックマンとラリー・グラフスタイン率いるウォール街の投資家集団に連絡をとった。『ニュー・リパブリック』の所有者である彼らは同誌を売りに出したばかりだった。主にデジタル界での経歴をもつ僕のような人物が、発行部数は四万部を切り、年に数百万ドルの赤字を垂れ流す雑誌に関心をもったことに、彼らは驚いていた。当時知らなかったのだが、真剣に買収を検討していた買い手は、僕一人だった。二〇一二年三月に正式に買収を行い、スタッフと話し合いをするためにワシントンに向かった。

『ニュー・リパブリック』の編集長を数年務め、当時編集主幹（発行人欄に掲載される、主に象徴的な肩書き）の座にあったフランクリン（フランク）・フォアも、この最初の会合に参加し、うしろの方に座っていた。彼とは廊下で顔を合わせ、すぐに打ち解けた。その後の数か月間で何度か会い、彼が『ニュー・リパブリック』の編集長だったときのことや、事実をストーリー仕立てに再構成して伝えるナラティブ・ジャーナリズムの力を借りてわが国の思想を形成するという、共通の信念について語り合った。彼がすでに編集長を数年間経験していたことも頼もしかったが、仕事に新しい創造の風を吹き込んでくれることにも期待した。ワシントンDC生まれの、反トラスト弁護士の息子フランクは、エリートの手に権力が集中することに疑問をもっていたが、多くの有力者と交流がある、幅広い知識と経験をもった魅力あふれる人物だった。僕は彼を指名し、彼は初夏に編集長としての二期目を開始した。

まず手をつけるべき仕事は、投資だった。長年乏しい予算で運営されていたため、投資不足が最大の足かせになっていると、僕らは考えた。目玉が飛び出るほどの金額を提示して、新しい才能豊かなジャーナリストを招き、社内の最高の人材を引き留めた。編集幹部にワシントンの最も優秀なジャーナリストを含む、豊富な人材をそろえた。ニュージャージー州知事クリス・クリスティのいかがわしい裏取引や、規制されていない託児所の感染症などを取り上げたカバーストーリー、テレビドラマ「ガールズ」のレビューや、アイ・ウェイウェイの「見られたものではない」芸術作品の批評などを掲載し、幅広い読者への訴求を狙った。

フランクと僕は、デジタルと活字のページに新しい息吹を吹き込もうとした。高級感がありながら活気にあふれ、知的だが親しみやすい雑誌とウェブサイトを目指した。活字版のデザインを見直し、一九五〇年代の『パーティザン・レビュー』のような文芸雑誌と、『ニューヨーク』の目を引く現代的スタイルとが融合したような外観と印象をつくりたかった。このために『ニュー・リパブリック』初のフルタイムのアートディレクターとして、数々の賞を受賞している『ニューズウィーク』のデザイナーを起用し、僕らの数倍の規模の雑誌社で働けるスキルをもつデザイナーの集団を採用した。既存のダイレクトメール・プログラムとともに、エンジニアリングとウェブサイト開発にも投資した。これらの投資により、『ニュー・リパブリック』の赤字は年間二〇〇万ドルから、ほぼ一夜にして六〇〇万ドルにふくれあがった。

事情を知らない人たちは、僕が『ニュー・リパブリック』を自分の宣伝機関にするか、少なくとも政治的意図を推進するために利用すると信じて疑わなかった。だが僕がオーナーだった四年間にウェブサイトのために書いたのは、ビッグデータの台頭に関する記事が一本と、ジェフ・ベゾスによる『ワシントン・ポスト』買収を考察する短い記事が一本だけだ。寄稿者のジャーナリストや学者は、メディア界でもとびきり優秀で洗練された人たちで、僕がイラクへの増派や、二〇一二年の大統領選の共和党候補ミット・ロムニーの税政策について何を考えたところで、彼らの深みのある論説には比べるべくもない。僕がもっぱら雑誌の経営面について語りたがり、フランクが表紙に何を載せてもほとんど口出ししないことに、親しい友人たちは驚いていた。

ベテランエディターたちが大量流出

財務諸表の数字をどうやって赤字から黒字に転換させるか、寝ても覚めてもそのことばかりを考えた。『ニュー・リパブリック』で金儲けをするつもりはなかったが、体力と持続力のある組織にしたかった。事業として採算がとれることが、雑誌の力の証明になり、僕らのジャーナリズムの価値を示す指標になると信じていた。これが僕の個人的な課題になった。まるでギリシャ神話に出てくる秘宝、金羊毛を追い求める勇士のように、毎朝起きると数字のことばかり考え続けた。メディア事業を機能させるのは大変な仕事だった。それはフェイスブックやオバマの選挙キャンペーンでの目標と同様、理想主義的でほとんど実現不可能な目標を達成することだった。僕は老いつつある活字ジャーナリズムの至宝を、デジタル界での成功に向かう軌道に載せるビジネスモデルの「発見」者になりたかった。

そのためにがむしゃらに働き、企業経営と営業の実務を学んだ。シカゴ、サンフランシスコ、ワシントンなどの都市を訪れ、年若い広告出稿者に、少部数の専門的な政治雑誌を売り込んだ。一年経ったある日、僕はデトロイト郊外の地味なビルにいた。僕の向かいには広告代理店の二二歳の広告バイヤーが座り、チューインガムをかみながら、『ニュー・リパブリック』はおろか、『ニューヨーカー』の名前さえ聞いたことがないとうそぶいた。まるでゴシップ誌の『USウィークリー』でジェニファー・アニストンの写真でも探すような手つきで、うちの雑誌をパラパラとめくった。こんな若者を説得して『ニュー・リパブリック』に出稿してもらうなんて、どう考えてもあり得なかったが、自分にできないことはないと信じ、歯を食いしばって売り込みを続けた。ミーティングを終えて感じたのは、落胆より怒りだった。今度ここに来るときは彼女にさえイエスと言わせる、きら星のような雑誌になっていようと心に誓った。

二年半がすぎた。『ニュー・リパブリック』のサイトには心に残る記事や、世の中に影響を与える記事が並んだ。ウェブへのアクセスは微増し、活字版の購読者数も少し伸びた。編集部員は雑誌の方向性に賛成し、満足していると言った。その陰で、僕はますます追い詰められていった。新規出稿者を数社獲得したが、受注額は予想をはるかに下回った。

『ニュー・リパブリック』の名声とエリート読者層を考えれば高いプレミアムを要求できる、というもくろみは外れた。何年か試行した末に、僕はようやく悟った。良質なジャーナリズムとｉＰａｄアプリ、デザインをそろえても、少部数のやや偏向した雑誌にお金を出そうなどという広告主はほとんどいないのだ。懸命な営業努力にもかかわらず、成長の兆しはまるで見られず、雑誌は以前と同じだけの赤字を垂れ流していた。購読ページのデザインの刷新や、購読者を増やすためのダイレクトメール・キャンペーンがほとんど功を奏していないことに悩み、夜も眠れなくなった。グーグル検索での上位表示を狙って、ページ最適化のために会議を重ねるなど、まさに木を見て森を見ずの状態になっていた。

イベントやアパレル、映像にも手を出し、多少の効果を得たが、どの施策にも経営を立て直すだけの力がないのは明らかだった。ビジネスの鉄則が、ここでは通用しなかった。購読者と広告主の市場が小さすぎて、初期投資でみずから掘った深い穴を埋めることはできなかった。損失を補填するために毎月五〇万ドルの小切手を書き、その一枚一枚が、「数年前にあると思っていた財務と経営の手腕など自分にはありませんでした」という告解のように感じられた。僕は助けを必要としていた。

まだ試していなかった唯一の方法が、経営管理のプロを招き、事業運営を一任することだ。『アトランティック』のオーナー、デイビッド・ブラッドリーは、長年の赤字経営により数千万ドルの損失を被り、とうとう他メディアのベテランを引き抜いた。新CEOは二年と経たずに同誌を採算ラインに乗せた。強力なイベントプログラムを推進し、『アトランティック』の長文ジャーナリズムに、簡潔でタイムリーな最新情報を添え、幅広い読者層にアピールする戦略が当たったのだ。『ニュー・リパブリック』も、同誌の看板である高尚な分析と並行して、教養あふれる新しいウェブサイトがそろそろ大衆に訴求し始めていい頃合いだと、僕は思った。二〇一四年晩夏に、CEOの人選を始めるために人材紹介会社を雇った。

僕は数十人の候補者を面接し、フランクは三人の最終候補者と時間をかけて話し合った。最終的に僕が選んだのはガイ・ヴィドラ、四〇代のヤフーの幹部で、僕らと同規模のメディアを再建した実績があった。ガイのビジョンは明快だった。トラフィック指標への集中、編集部の人員削減、コンテンツ提携の検討、映像を使った実験の推進。編集部からは彼の手法に反発の声が上がった。彼らはゼロサムゲームのように感じていた。デジタルトラフィックを重視すれば、長文ジャーナリズムの質が犠牲になるというのだ。僕は『ニュー・リパブリック』を売れ行きのよい持続可能な雑誌にするために彼らが力を合わせ、折り合ってくれることを願ったが、残念ながらそれはかなわなかった。

ガイとフランクはその秋ことあるごとに対立し、ガイは新しい編集長を迎えることを提案した。迷いはあったが、僕は彼の判断を支持した。事業を成功させる責任をガイに一任する以上、彼が信頼できる編集陣と協力できる環境をととのえるのが僕の務めだ。ガイは後任編集長の面接を密かに始め、やがてそのうわさはフランクの耳にも入った。フランクは編集部に向けて行った電撃スピーチで辞任を表明し、その夜ワシントンのスタッフ全員を自宅に集めた。翌朝、一二人のシニアエディターが大量離脱し、フリーの寄稿エディターのほとんどが寄稿者リストから名前を外してほしいといってきた。残ったエディターはわずか九人、つい前日に出勤したそうそうたる顔ぶれの数分の一でしかなかった。

まもなく世間では、「シリコンバレーの非情な力に立ち向かう、信念あるジャーナリスト」という構図で、この物語が語られるようになった。彼らがそれまでずっと愛着を語ってきた組織から、なぜこうもあっさり離脱できるのか、僕にはほとんど理解できなかった。僕がデジタルメディアの幹部を迎えたことで、それまでの僕の発言から手のひらを返したように思われたのだと、いまなら理解できる。僕が『ニュー・リパブリック』を『バズフィード』のようなデジタルメディアに変えようと密かにもくろんでなどいないことは、当然わかってもらえていると思っていた。だが多くのエディターが、僕が狡猾で邪悪な動機を隠しもっていると言って非難した。元シニアエディターのジュリア・ヨッフェは、僕がスタッフを「あからさまに軽蔑的で敵対的」に扱ったと、報道機関を回って吹聴した。エディターたちは僕の真意を知りながらも、僕を破壊的勢力、テレビドラマに出てくる愚かな王様に仕立て上げたいようだった。

壮大すぎる構想

いまにして思えば、『ニュー・リパブリック』を採算ラインに乗せる、という夢にしがみついたのはまちがいだった。『ニュー・リパブリック』のような組織のあり方は、いまも昔も変わりようがないことを受け入れるべきだった。寛大な後援者に、毎年小幅な損失を補填してもらうというやり方である。『ニュー・リパブリック』は一〇〇年間の歴史のなかで十数回も所有者が変わっていたが、その実態は企業の皮を被った「大義」だった。少数の教養ある読者に、これまでもこれからも奉仕を続ける、非営利組織のようなものだ。たとえある月にオンライン購読者を数百万人を集めることができても、雑誌を大切に思ってくれる献身的な読者は、いつの時代も一〇万人を超えたことはなかった。僕が目指した持続可能な「ビジネス」ソリューションは、気前のよい施しを通してしか実現できないモデルだった。

ワシントンの言論界は結束を固め、僕は買収時に形式上加入したカントリークラブから有無を言わさず追放された。晩餐会の招待状は取り消された。知人たちにはツイッターを通して、正式に絶縁を宣言された。一年後、国連大使の私邸でのパーティーで、会ったことのない人が話しかけてきたと思うと、いきなり大声で叫んだ。「あんまりだ！　あなたが彼らにした仕打ちはひどすぎる！」。部屋にいた人の半数が振り返ってこっちを見た。彼のような人たちは、僕のことを言論界を破壊する目的でシリコンバレーから乗り込んできた活動家と見なした。ジャーナリズムの未来への不安が根強いこの時代に、僕は人々に愛される雑誌の編集長をクビにすることで、想像できないほど深いところに潜んでいた人々の神経を逆なでしてしまったのだ。

僕は編集スタッフが去ってからも、会社の活力を取り戻すことを目指して新しいチームともう一年すごした。彼らの雄々しい努力も空しく、ほとんど進展は見られなかった。そしてほかの誰もが最初から知っていたことを、僕もとうとう理解した。『ニュー・リパブリック』はけっして採算がとれない媒体なのだ。何らかの政治的な思惑やもくろみがあり、毎年数百万ドルの損失を吸収することをよしとしない限り、この雑誌を僕が所有する意味はなかった。僕は売却を決め、それから数カ月後、買収からほぼ四年が経った日に、『ニュー・リパブリック』のオフィスをあとにした。

振り返ってみれば、僕がより慎重で控えめな理想主義を推進すべきだったことは否めない。僕はこの雑誌に壮大すぎる構想をもっていたせいで、あまりにも強引で性急に事を進めてしまい、皮肉にもテコ入れを図り強化するはずの組織を、かえって弱体化させてしまった。僕がこの四年間で投資した二五〇〇万ドルを別のかたちで使っていれば、より控えめな計画に沿って、一〇年かそれ以上にわたり雑誌を支えることができただろう。

そんな経緯から、いま取り組んでいる仕事では、理想主義的で野心的になりがちな目標を実現するために、あえてより穏当な手段を選択しているのだ。

大胆なアイデアと平凡な手段の組み合わせ

僕が最初、保証所得のアイデアに惹かれたのは、『ニュー・リパブリック』とオバマの選挙キャンペーンと同様、それが大義だからだ。僕はこの考えの崇高さに惚れ込んだ。貧困がなく、誰もが自分の夢を追いかけるためのたしかな経済基盤をもつ世界。自分の人生に対する責任を受給者自身の手に委ね、どこに住みたいか、自分のお金をどう使いたいかを、みずから決定する尊厳を尊重するという点に惹かれた。研究によれば、保証所得を得た人は、家計が破綻する手前で踏みとどまれるので、よりよい判断を下すことができるという。保証所得は分権的で市場志向型の給付であるため、官僚主義が入り込む余地がほとんどなく、おかげでいまある選択肢のなかで最も効率的な貧困撲滅対策の一つとなっている。

マーティン・ルーサー・キング・ジュニアが保証所得について書き残した文章に、僕はとくに深い感銘を受け、彼の言葉をまるで聖書のようにして、折に触れては立ち戻っている。彼の考えの変遷をたどるために、説教や演説の全集を読みあさり、このテーマについて書かれたもののなかで最も心を動かされる言葉を見つけた。彼は最後の著書にこのように書いている。

「人が自分の人生についてみずから決定することができ、安定した収入が得られるという安心があり、自己改善の手段をもっているときにこそ、個人の尊厳が花開くのだ[▽2]」

キングは個人の尊厳を重視した。また右派、左派を問わず、多くの活動家や思想家が、どんな人も金銭的安心がなければ真に自由になれないと訴える。ベルギーの哲学者フィリップ・ヴァン・パレースは、すべての成員が自分自身に投資し、自己決定を行うことができない限り、われわれは真に自由な社会を思い描くことはできないという考えの、最もよく知られた、最も熱心な提唱者の一人である。フリードリヒ・ハイエクとミルトン・フリードマンも、同様の主張をしている。二〇世紀の思想家の多くが、トーマス・ペインやトーマス・モアのような思想家の伝統を受け継いでいる。文明が人間に授けるはずの自由を、すべての人に与えられるのは保証所得だけだと、哲学者たちは何世紀もの間論じてきた。

経済的窮乏から解放されることによって、人間の自由が大きく広がり、自分が何を求めているのか、どんな人間になりたいのかを知ることができる。このことを、僕は自分自身の極端な例を通して知った。二二歳のときフェイスブックで得た最初の思いがけない一〇万ドルのボーナスは、生涯にわたる年五〇〇〇ドルの保証所得になった（投資収益率を年五％と仮定した場合）。これだけではすべての費用を賄うことはもちろんできないが、この収入をあてにできることで、少しだけ安心感が増した。人は最低生活水準から離れれば離れるほど、根本的な問題をじっくり考えられるようになる。自分は何を欲しているのか、それをどうやって手に入れるのか。自分は何に価値を置くのか、このお金を何に投資するのか。保証所得はすべての人に内在する自主性を――みずからの未来を切り拓く力を――尊重し、後押しするのだ。

僕はこの問題に取り組み始めた当初、保証所得の背後にある理想の純粋さにすっかり陶酔し、夢中になった。その後、現金給付の効果を実証する多くの証拠について学んだが、僕を最初に駆り立てたのは、すべての人に最低所得を保障するという考えの大胆さと理想主義だった。だが一方で僕はやみくもな理想主義を警戒することも学んでいた。保証所得の実行可能性を検討し始めたとき、『ニュー・リパブリック』で得た教訓を胸に刻んだ。すなわち、アイデアが大胆だからといって、それを実現する手段まで大胆である必要はないということだ。平凡で段階的なアプローチは、夢のような理想を実現する有効な手立てになり得るのだ。

僕はナタリー・フォスターという、志を同じくする協力者を得た。彼女は仕事というものが本質的に変わってきているということを深く理解する活動家である。僕らは何年も前から顔見知りだった。時期は違うが二人ともオバマのデジタルチームで働き、二〇一六年一月に再会した。僕は彼女のスタイルがたちまち気に入った。直接的で率直で楽観的で、ピーター・バーンズのベーシックインカムに関する本（*With Liberty and Dividends for All*〔万人に自由と繁栄の分け前を、未邦訳」)をバックパックに何冊も入れ、興味を示してくれる人に片っ端から配っている。ナタリーは当時すでに、サンフランシスコなどの都市のレベルで保証所得を開始できるかどうかを調べる取り組みを開始していた。

その年の春の終わり頃、ドリアン・ウォーレンとも出会った。彼は人種間平等を求める運動に保証所得を役立てる方法を研究する学者であり、活動家だ。この年、彼は保証所得について説明する政策文書を作成するかたわら、全米五〇以上の黒人の権利擁護団体の連合組織「黒人の命のための運動」の綱領に、保証所得への呼びかけを盛り込んだ。五月にナタリー、ドリアンと僕はスイスに飛び、この国でのベーシックインカムをめぐる国民投票にどのような力が働いているのかをよりよく理解しようとした(導入は否決されたが、投票はヨーロッパ全体に議論を巻き起こし、いまなお議論は続いている)。

UBIを前面に出さなかった理由

僕ら三人は、誰もが最低限の経済的安定を得られる世界を築きたいという情熱を分かち合っていた。また三人とも基本的に慎重な姿勢をとった。いきなり構想を打ち上げたり巨額の投資を行ったりせずに、まずは関連する問題や当事者のことを深く理解しようとした。そこで、大がかりなキャンペーンや新しいNPOを立ち上げる代わりに、経済保障プロジェクト(ESP)という、リーダーのネットワークを組織して、ベーシックインカムをどのように実現すべきかに関する、奥深い対話を促すことを目指した。ここ二年ほどかけて、全米の有力な思想家を招き、大きな会合から小規模な晩餐会まで、さまざまな場で、保証所得について講演してもらっている。地域のイベントに参加し、ホームレスの宿泊所でも議論を開催した。幅広い寄付者から資金を集め、大勢の人の活動への参加を促すために、数百万ドルを投じて研究者やオーガナイザー、芸術家に、保証所得を実現する方法を考えてもらった。

また、いきなりユニバーサル・ベーシックインカム(UBI)を大々的に宣言したりはしなかった。ESPのウェブサイトの当初の言葉遣いが、あまりにも生ぬるく熱意に欠けるという声が、ネットワーク内からも多く上がった。「人には経済的安定が必要であり、それを最も効果的かつ効率的に提供する方法が現金給付かもしれないと、わたしたちは考えています」という文章を、ページの冒頭に太字で掲げた。「ユニバーサル・ベーシックインカム」という言葉は、ページのずっと下の方に隠れていた。その理由は、UBIの根底にある理想に情熱を感じないからではなく、壮大なだけで薄っぺらい目標を性急に設定するよりも、あえて時間をかけて事を進めながら、たしかな共通の土台を築きたかったからだ。

それに保証所得の概念が明確に伝わりにくいことも、僕らはそれまでの経験から知っていた。アイデア自体はシンプルなのに、経済学者や哲学者以外の人たちは、説明を聞くと困惑して眉をひそめることが多かった。古い知人やタクシードライバー、飛行機で隣り合わせた人など、誰かにこの取り組みについて話すたび、相手は混乱した。

「ただでお金をもらおうとする人がどこにいる?」

「何かと交換ではないのか?」

「どれくらいのお金をどれくらいの頻度でわたすのか?」

「誰がそのお金を払うのか?」(このあとには「おいおい、まさか勘弁してくれよ!」という言葉が続くことが多かった)。

関心をもってもらえることもあったが、悪くすると怪しまれた。

このアイデアを、もっと地に足の着いた、気取らない方法で説明できないものかと考えた僕らは、アメリカ国内ですでに小規模だが保証所得が導入されている唯一の地域、アラスカ州に目を向けた。アラスカ州では住民全員に平均すると年約一四〇〇ドル、月に直すと約一二〇ドルが、アラスカ恒久基金(APF)から支給される。

ヒラリー・クリントンが民主党大統領候補指名をバラク・オバマと争っていたとき、オバマに対して「選挙は詩で行い、政治は散文で行う」、つまり、選挙では美辞麗句を並べてもいいが、実際の政治は現実的な政策で行うものだ、という皮肉を言ったが、まさにそのお手本となるような人物がこの基金の生みの親だ。

アラスカ恒久基金が教えてくれたこと

一九七四年から一九八二年までアラスカ州知事を務めた共和党のジェイ・ハモンドは、若い頃は第二次世界大戦の戦闘機パイロットや辺境地のガイド、漁師などの仕事をしていた。アラスカが石油ブームを迎えていた一九七〇年代半ば、ハモンドはこの好景気に沸く州の知事に就任する。彼は何年も前、アラスカ南西部の過疎の漁村地域ブリストルベイ郡の知事だった頃に思いついた、斬新なアイデアを提唱した。商業漁業で数百万ドルの利益を得ていた州外の企業が、労働者の暮らす貧しい村にほとんど投資を行っていないことに気づいたハモンドは、魚の価格に三%の税を課し、税収を住民に還元することを打ち出した。この計画は否決されたが、わずか数年後に、同じ方法をそれよりはるかに価値ある天然資源、石油に適用することに成功したのである。[3]

ハモンドが構想し、一九七六年の住民投票で賛成票が反対票の二倍となる大差で承認されたアラスカ恒久基金は、石油およびガス生産から上がる鉱区使用料の四分の一を、政府の運用する貯蓄口座に積み立てるというものだ。過去四〇年間で基金は大きく成長し、現在の残高は六〇〇億ドルにも上る。毎年基金の二・五%が、子どもと大人の全住民の間で等分され、過去数年間の基金の収益に応じて、一人あたり一〇〇〇ドルから三〇〇〇ドルの配当が支払われる。過去の平均金額は一四〇〇ドル、つまりほとんどの年の一〇月に、四人家族は六〇〇〇ドル弱の小切手を受け取っている。二〇一六年に発表されたアラスカ大学アンカレッジ校社会経済研究所の報告書は、この配当金が一万五〇〇〇人から二万五〇〇〇人のアラスカ州民を貧困ラインから引き上げ、州の貧困率を二五%押し下げ、中流階級家庭の経済的安定を高めていると推定している。

誤解のないように言っておくと、月一〇〇ドル程度の金額は、理想主義者や哲学者の思い描く保証所得とはかけ離れているが、それは最低所得であり、またそれは毎年きちんきちんと入ってくるお金でもある。ナタリー、ドリアンと僕が立ち上げたESPは、住民がそのお金を何に使い、どう感じているのかに関するたしかなデータを得るために、実証研究を委託した。また公開討論会や対面での聞き取り調査、匿名のフォーカスグループなどを通じて、一般のアラスカ人と話した。僕は当初、配当をどう思っているのかを多くのアラスカ人に聞き回り、人生が変わったという答えが返ってこないことにがっかりした。

彼らは明らかにお金を受け取ることを大切に思っていた。定量調査によれば、八〇%以上の人が配当を維持することが重要だと答え、お金が有効に使われていると感じていた。だが誰一人として、基金に壮大な理想を重ね合わせたりはしなかった。アラスカ人から繰り返し聞かれたのは、「家計のやりくりに役立っている」という言葉だ。配当小切手は貧困層の世帯にとっても中間層の世帯にとっても、ひと月分の家賃を貯めたり、クレジットカード債務を返済したり、クリスマスプレゼントを買ったりする足しになる。「自由」や「尊厳」といった大げさな言葉は一度も聞かれなかった。配当小切手はシンプルで重要な役割を果たしている――家計を助けているのだ。

僕らは取り組みを拡大し、全米を回って対話を進めるなかで、人々がお金や仕事、家計のやりくりの困難について語る言葉が、ベーシックインカムの意義を説く哲学者の語彙とほとんど重ならないことに、繰り返し気づかされた。所得や教育水準、政治的信念、背景にかかわらず多くの人が、なぜベーシックインカムのようなものが支持されるのかを、理解しかねていた。お金がどこかから無条件で支給されるという考えを、馬鹿げていると感じた。お金には労働や贈与、融資、公的年金、遺産など、必ず出所がある。哲学者はお金というものを観念的にとらえ、人々に力を与える手段として論じるかもしれない。だがお金は「どこからやってきて、どのように使われるか」という具体的な文脈のなかでしか理解されない。道端で拾った一ドルは、家族から借りた一ドルとは違うし、仕事をして稼いだ一ドルとも違う。デトロイトのある労働者階級の女性のひと言が、彼らの疑問を端的に表している。「このお金がどこから来るのか、なぜ自分がもらうのかがわからない」。お金を抽象的なものとして語るのは、特権階級のならわしなのかもしれない。

右派も左派も税金還付小切手が大好き

幼少期を振り返ると、僕ら家族もお金は自分たちを「自由」にしてくれるものだとか、「尊厳」の源泉だなどと考えたことはなかった。もちろん、両親が稼ぐ中流階級の給与によって、僕らは安定した生活と一定の力を得ていたが、お金に関わる実際の経験は、ごく平凡なものだった。日曜の午後になると両親はお金の問題を処理するために、食堂のテーブルに請求書を広げ、延々電卓を叩いた。一〇歳のとき、母に小切手台帳の収支を合わせる方法を教わり、自分のお小遣いで同じことをするように言われた。両親が食料品やガソリン、ときたまの外食のために銀行のATMから毎週引き出していいと決めていた金額は、二〇〇ドルだ。金曜の午後に食料品の買い出しに行くときのために、母は新聞から切り取ったクーポンを財布に入れていた。

僕らにとってはこうしたクーポンや小切手帳、ATM、電卓が、日々のお金の経験だった。だが何よりもうれしいお金は、たまに国から送られてくる税金還付の小切手だった。右派か左派かを問わず、どんな人も郵便受けに届く政府からの還付小切手が大好きだ。二〇〇八年にジョージ・ブッシュが景気刺激策として各世帯に配布した、六〇〇ドルの税金還付小切手のことは、今も覚えている。この対策はその後の景気失速を食い止めるには規模が小さすぎ、手遅れだったが、小切手は記憶に残っている。何の変哲もない封筒で届いたが、祖父母が公的年金として受け取っていたものと同じ、虹色でホログラム入りだった。

同じような小切手が、毎年アメリカの多くの家庭に、税金還付のかたちで届けられている。だが還付小切手の金額の大部分が、「勤労所得税額控除（ＥＩＴＣ＝Earned Income Tax Credit）」と呼ばれる貧困対策プログラムによって支払われていることを知るアメリカ人は少ない。アメリカは五〇年前、保証所得を導入する寸前まで行ったが、実際に導入されたのはＥＩＴＣだった。ＥＩＴＣという小難しい名前の地味な手法が、壮大な理想を実現するのに役立つかもしれない。ＥＩＴＣこそ「すべての働くアメリカ人に保証所得を」という約束を実現するために利用すべき枠組みである。

第8章

知られざる優良制度「EITC」

Everybody Likes a Tax Credit

「負の所得税」という仕組み

僕は大学時代、フェイスブックで働く以外の時間は、歴史と文学を学んでいた。幼い頃から、ワーテルローの戦いのあと、ナポレオンは何を考えただろうとか、同性愛を描いた『ジョバンニの部屋』の原稿を出版社から「燃やす」ように言われたとき、ジェームズ・ボールドウィンは何を考えただろう、などと夢想するのが好きだった。歴史は僕にとって、ただ興味深いだけではない。今日の世界を生き抜くには、歴史をよりよく理解することが大きな助けになる。もしかするとアメリカで最後に行われた保証所得をめぐる議論から得られた教訓が、新しい世代の活動家を鼓舞し、次の戦いを勝ち抜く助けになるかもしれない。マーク・トウェインもこんな言葉を残している。

「歴史は繰り返さないが、韻を踏むことが多い」

アメリカはかつて最低所得を導入する寸前まで行った。五〇年あまり前、共和党のある大統領が保証所得を提案し、法案は下院を通過した。上院では否決されたが、今日の保証所得のための枠組み――すなわち勤労所得税額控除――が、灰のなかから復活を遂げた。

保証所得物語の一九六〇年代の章に最初に登場するのは、フラワーパワーのヒッピーたちではなく、ノーベル経済学賞受賞者ミルトン・フリードマン率いる、保守的な政策立案者たちだ。そして歴史上の多くのことがそうであるように、彼より先に同じことを考えていた人物がいた。一九四〇年代のイギリスで、ジュリエット・リズ＝ウィリアムズが、「負の所得税」という概念を提唱し、それは二〇世紀の大半を通じて保証所得の最も好まれる設計となった。彼女が提案したのは、税制を通じて支払われる現金給付である。所得税の支払額は所得が多くなるほど増える。これを逆向きで考えて、貧困ラインから下方にいくほど現金給付額が増える、という仕組みを彼女は主張した。

たとえば貧困ラインの所得が五〇〇〇ポンドで負の所得税率が五〇％のとき、所得がゼロの人は、貧困ラインの所得の五〇％、つまり二五〇〇ポンドの保証所得を受け取る。所得が二〇〇〇ポンドの人は、所得と貧困ラインの差額（この場合五〇〇〇ポンドから二〇〇〇ポンドを差し引いた三〇〇〇ポンド）の五〇％である一五〇〇ポンドを受け取り、総所得は三五〇〇ポンドとなる。所得が貧困ラインを越えたら、給付を受けるのではなく、税金を納める。

直感的に理解するのは難しいかもしれない。当時もほとんどの政策立案者が理論としては洗練されているが、ひどくわかりにくいと感じた。たしかに少し複雑ではあるが、働けば働くほど所得が増える仕組みなので、労働意欲を損なわないという点は評価された。有給雇用から得られる所得と給付の合計額の方が、給付だけもらう場合よりも必ず多くなるようにできているのだ。

この考えは大西洋を越え、アメリカの保守系経済学者ミルトン・フリードマンによって熱心に提唱された。当時多くの保守派が、負の所得税は、同額を社会サービスに投資するよりも効率的に貧困層を助けられると信じて、彼に賛同した。「この仕組みの利点は明らかである」と、フリードマンは一九六二年の画期的な著書『資本主義と自由』のなかで述べている。「貧困対策に特化している点、個人にとって最も役に立つ現金という形態で支援を与える点がよい。汎用性があり、現在実施されている多くの施策と代替可能である」[1]。フリードマンは生涯を通じてこの考えを支持した。

彼がこの言葉を書いてから数年のうちに、負の所得税の考えは左派にも広まった。一九六〇年代末の公民権運動の焦点は経済的正義へと移り、そこで保証所得の考えが重要な役割を果たした[2]。マーティン・ルーサー・キング・ジュニアは、生涯の最後の二年間に全米を回り、数十年間におよぶ人種的・経済的不平等の埋め合わせをするような制度をつくることを政府に要求した。すべてのアメリカ人が保証所得によって経済的安定を与えられるべきだと、キングは強く訴えた。彼が一九六七年に開始した「貧者の行進」運動には、保証所得の要請が含まれている。キングは射殺された一九六八年四月、彼にとっておそらく最大のものになったであろう行進をワシントンDCで行う予定だった。

亡くなる三日前、キングはワシントンDCのワシントン大聖堂で、日曜礼拝の説教を行った。戦争への巨額の投資をやめ、すべてのアメリカ人の所得保障を強化するような社会サービスに国費を充ててほしいと、国に呼びかけた。「貧困はいまに始まったことではなく、目新しいことは何もない」と彼は宣言した。「目新しいのは、われわれがいまや貧困を取り除くための技術と資源を手にしていることだ。真の問題は、それを行う意志があるかどうかである」。[3]

保守系の経済学者は、既存の貧困対策を「清算」して、保証所得の財源に充てる構想をもっていたが、キングは保証所得の水準を勤労所得の中央値とGDP成長率に連動させ、それと併行して社会的支援の拡充を図る方法が、最も有効だと考えた。この二つの組み合わせにより、アメリカの貧困を永遠になくすことができるにちがいない。彼は白人と黒人の労働者の連合が、富裕層や有力者から予想される反対を乗り越えるために手を携えるだろうと考え、暗殺者の銃弾に倒れる前年に共同戦線のための地ならしをしていた。

他方、主流の政治家と学者はこの考えを検討し、その仕組みに関する健全な政策論争をくり広げた。一九六七年にニューヨーク市郊外のアーデンハウスで行われた会合で、経済学者と政策立案者が一堂に会し、主要な社会改革政策の相対的なメリットについて議論し、（ユニバーサル児童手当などのような）ほかの大規模な施策よりも、保証所得を優先させるという合意に至った。リンドン・ジョンソン大統領の経済機会局は、ニュージャージーでの保証所得の試験的導入を決定し、アイオワ、ノースカロライナ、シアトル、デンバー、ゲーリー(インディアナ州)にも拠点が設置された。その後の一〇年間で、アメリカの一万を超える世帯が研究に参加し、保証所得を受け取った。

当時はアメリカ政治史において、両陣営が壮大な構想をもつことができ、そうすることが「かっこいい」とされた胸躍る時代だった。一九六八年までの数年間で、アメリカは初めて宇宙に人間を送り、人権擁護で大きな前進を遂げ、メディケアを創設した。

一九六八年の大統領選で、民主党候補ユージーン・マッカーシーが保証所得のアイデアを提唱した。時を同じくして、中道と右派の間でアメリカの福祉予算の急増に対する懸念が広がり、制度の簡素化と改革を求める声が高まった。リチャード・ニクソンは大統領選に勝利すると、保証所得を中心に据えた社会福祉改革計画を策定するよう、超党派の政策立案集団に要請して、右派と左派の両方を驚かせた。ニクソンが提案した家族支援計画(FAP)は、負の所得税を通して、四人家族に年間の最低所得一六〇〇ドル、今日の金額に直すと約一万一〇〇〇ドルを保証するというもので、社会保障局が年金小切手と同じ方法で支給することになっていた。ニクソン版の保証所得はリズ=ウィリアムズの当初の構想どおり、労働意欲を促すことを意図し、世帯の所得が増えるにつれ支給額がゼロに近づく仕組みだった。

本当に働き続けるのか

一九六九年八月、ニクソン大統領は全米に向けてテレビ放送を行い――ルーズベルト大統領の国民向けラジオ演説「炉辺談話」のニクソン版だ――保証所得を含む、福祉改革のビジョンを説明した。「アメリカ人の気質がすばらしいのは、多くの人が身を起こすのに必要な才気とやる気をもっていることです」と彼は語った。「しかし、それ以外の数百万人は、幼少期の貧困の重荷のせいで、その才気がなくなってしまうのです。

「わたしが提案するのは、扶養児童のいるアメリカのすべての世帯、アメリカのどこに住んでいようとすべての世帯の所得の下に、連邦政府が土台をつくることです」[4]と彼は続けた。演説は圧倒的に好感をもって受け止められたが、それは人々が保証所得に熱狂したせいではない。支持を集めたのは主に福祉改革で、負の所得税を通じた現金給付ではなかった。

続いて起こったことは、その後の数世代に甚大な影響をおよぼすことになった。保証所得は、計画自体はそれほど支持を集めなかったものの、多少の議論を経て超党派の支持のもとで下院を通過した。だが上院に到達してからは、緊迫した議論がくり広げられた。共和党は、就労条件が十分厳格なものになるのか、法案が政府の規模を縮小するという公約に反さないかどうかを危惧するようになった。民主党は、給付の規模や――非南部州のリベラル派の多くは、法案の二、三倍の規模を求めていた――新しい法案のもとで受給者の経済状態が悪化しないようにする方法をめぐって意見が分かれた。

そして議論の大半が、最低所得を保障された人たちが、本当に働き続けるかどうかという点に終始した。ジョンソン政権がこの疑問に答えを出すために計画した実験的プログラムは、数年前に始まったばかりで、明白で決定的な証拠はまだ出ていなかった（これから見ていくように、実際、人々は働き続けた）。利害の対立を解消する明確な方法がないまま、法案は一九七一年に上院財政委員会で否決されたのである。

計画の立案者で、のちのニューヨーク州選出上院議員ダニエル・パトリック・モイニハン（当時は大統領顧問）はこのように述べている。「プログラムには過剰な面もあれば過少な面もあった。あまりにも急進的な面と反動的な面、包括的な面と包括性に欠ける面があった」[5]。そしておそらく最も重要なことに、法案は複雑すぎた。モイニハンによれば、上下両院で数年議論が行われたにもかかわらず、自分の選挙区の有権者が受け取る額を大まかにでも把握している議員はほんの少数しかいなかった。

ほとぼりが冷めた頃、モイニハンは将来の提案ではおそらく負の所得税の代わりに、貧困レベルにできるだけ近い「均一給付金制度」が用いられるだろうと予想した。[6] ジョージ・マクガバンが一九七二年の大統領選で、実際にこれを提案した。もしも当初の法案が、労働に明白かつ単純に紐づけされた、より穏当な均一給付金をベースとするものであれば、可決される可能性はずっと高かったはずだ。

しかし、FAPの失敗は決定的ではなかった。一九七四年、ニクソンはいまも存在する、高齢者と障害者のための保証所得すなわち補足的保障所得（SSI）のもとになった法案に署名した。現在九〇〇万人近くのアメリカの障害者と低所得高齢者が、連邦政府から月七三五ドルの給付を受けている。だが保証所得の議論の灰から甦ったさらに重要な政策は、その数年後に議会を通過したEITCだ。

税金還付の上乗せとして支給

僕には当初、こんなに堅苦しい頭字語のプログラムが、保証所得の謳う「万人に自由と尊厳を」というロマンチックな価値観を実現できるようには思えなかった。EITCは名前だけ聞くと、退屈で無機質で付け足しのような感じがする。だがこの味気ない名称こそが、プログラムが当初可決され、のちに拡張された鍵だったのだ。皮肉にも、プログラムの立案者である民主党上院議員ラッセル・ロングは、ニクソンの保証所得の計画を頓挫させた一人だ。

ロングは筋金入りのポピュリストで、かつてルイジアナ州をほぼ独裁的な権力をもって統治した、父親でやはりポピュリストのヒューイ・ロングに倣い、富の集中に反対してキャリアを築いた人物だ。彼は父よりは穏健な戦術を用い、上院財政委員長として税法改正に取り組んだ。ワシントンで数十年間絶大な権力をふるい、『ウォール・ストリート・ジャーナル』に「政府の第四の部門」と呼ばれたこともある。[7]

ロングは、貧困層を助けるためにはより積極的な政策が必要だということには異論はなかったが、ニクソンの社会福祉計画の原案の就労条件を問題視した。この計画で給付を受ける人は、当局に登録して求職中であることを証明する必要があった。ロングは煩雑な手続きを導入して人々に労働を強制するよりも、政府によって民間部門の賃金の押し上げを図り、自発的な勤労意欲を生み出す方が望ましいと考えた。一九七二年、ロングは政府が貧困家庭の年間勤労所得の最初の四〇〇〇ドルにつき、その一〇%を現金給付するという案を提出する。つまり政府が受給者の所得にマッチング（上乗せ）した金額を支払うというものだ。提案は不発に終わったが、彼はその後の二年間で同様の法案をいくつか提出している。そして一九七五年、彼はこのアイデアをはるかに大規模な税制法案に忍ばせた。今日の金額にして約八〇億ドルという巨額にもかかわらず、法案はジェラルド・フォード大統領の署名を経て、一九七五年三月に成立した。

いったん適切な枠組みが確立され、議員たちがその効果を理解すると、プログラムを拡張することはずっと容易になった。民主、共和を問わず、フォード以降のすべての大統領が給付を大幅に増やす法案に署名しており、上下院議員はこのプログラムを大いに気に入っている。ほとんどの人は知らないが、EITCとその〝いとこ分〟である児童税額控除（CTC）は、今日存在するなかで最も強力な貧困対策の手段だ。これらの地味な税額控除は、フードスタンプと住宅手当、失業保険の対象者の合計と同じくらいの人数を貧困から救っている。[▽8]EITCは効果が高く受けもよいことから、時代にマッチした保証所得を構築するのにふさわしい枠組みになるだろう。

現在EITCは、二六〇〇万の勤労世帯と個人に、年七〇〇億ドルの使途が限定されない現金を支給している。受給者は約五〇〇ドルから六〇〇〇ドルまでの金額を、IRS（内国歳入庁）からの税金還付の上乗せとして、小切手で支給される。控除額の計算はひどく複雑で、勤労者であれば所得額や年齢、扶養児童の数、居住州などの条件を考慮して決められる。毎年の大まかな控除額を前もって知っているのは、毎年の所得がほぼ変わらない、ごく少数の家庭だけだ。だが計算が複雑とはいえ、受給者にとってはきわめてシンプルな仕組みだ。年に一度小切手が到着し、それを自由に使うことができる。[▽9]

EITCがこれほど幅広く、政治的にも多様な人たちに受け入れられているのは、いまでは現金給付の有効性について多くのことが明らかになっているからだ。現金給付がよい影響をおよぼすことは、数十件の研究によって報告されている。[10] 毎年一〇〇〇万人を貧困から救い、生活を向上させているのだ。

●ＥＩＴＣまたはＣＴＣの受給世帯の子どもは、学校にとどまる期間がより長く、標準テストでより高い成績を挙げる。経済学者のラジ・チェティーらによると、世帯の税控除額が一〇〇〇ドル増えるごとに、子どものテストの得点は六％上昇する。子どもは高校を卒業して大学に進学する可能性が高く、入学後も通い続ける可能性が高い。[11]

●所得が月二五〇ドル押し上げられた世帯は、給付を受けない世帯に比べて、五歳以下の子どもの将来の年間所得額が一七％多い。[12]

●ＥＩＴＣの還付額が一〇％増えるごとに、乳児死亡率が有意に低下し、栄養不良の兆候である低体重出生児の数が有意に減少する。[13]

●現金給付が勤労意欲を削ぐという証拠は見られない。むしろ労働時間が増えるという研究もある。ＥＩＴＣで所得が増える女性は、所得が増えない対照群の女性に比べて、数年後の勤労所得が高い。[14]

●ＥＩＴＣは喫煙率と飲酒率をやや下げるように思われる。[15] これはストレスレベルが低下するためと考えられる。

ＥＩＴＣの効果を裏づけるこのような証拠は、定期的な現金給付が受給者の生活に与える影響を明らかにした多数の研究成果の一部にすぎない。ＥＩＴＣ以外の最も強力な証拠は、保証所得実験プログラムから得られたデータだ（皮肉にも、これら初期の試験プロジェクトを監督したのは、ニクソン政権の経済機会局長だったドナルド・ラムズフェルドと、彼の特別補佐で後に副大統領となったディック・チェイニーだった）。

これらのプログラムには、六つの州から合計一万を超える世帯が参加し、各世帯は今日の金額にして、年一万七〇〇〇ドルから四万九〇〇〇ドルを受け取った。プログラムの設計は拠点によって異なったが、どの拠点でも働かなくなる人が増えるかどうかに焦点が置かれた。実際、増えることはなかった。

二〇一六年にシカゴ大学のアイオアナ・マリネスキュー率いる研究グループが、過去に行われたすべての試験プログラムの文献を解析した結果、受給者の労働時間に有意な減少は認められなかった。例外は、学校にとどまる期間が長くなり、その分労働市場への参加が先延ばしになったティーンエイジャーと、新生児の世話をするために労働時間を減らしたと思われる新しい母親だった。家族はより栄養価の高い食事をし、子どもの学校出席率は高まり、成績は上昇した。アメリカの研究は健康への影響を追跡しなかったが、[16] 同時期にカナダで行われた同様の実験で、入院率の一〇％近い低下が見られた。現金給付を受けた人々はより健康で、学校にとどまる期間が長く、労働市場から退出する傾向は見られなかった。これらの結果は、ＥＩＴＣに関する既存研究の結果を裏づけている。

人は誤った判断のせいで貧乏になるのではない

保証所得に関しては、一九七〇年代の試験プロジェクトよりもさらに少額から始める案でも、とくに富裕層から、こんな疑問が呈されることが多い。「毎月一〇〇ドルや二〇〇ドル余分にもらったからといって、お金に困っている人がどれだけ楽になるのか？」オハイオ州の女性に、こんな声が上がっていますよと伝えると、彼女は僕の目をじっと見つめてぶっきらぼうに言った。「そんなことを聞く人は、食べものを買うか家賃を払うかを選ぶ必要もなく、生きてこられたんでしょうよ」。オハイオ州コロンバスの若い学生は、数字を挙げて具体的に答えた。「独り身の僕は、毎月一〇〇ドル余分にもらえれば二〇食から三〇食余分に食べられる。それはとてもありがたい」。

アラスカ州の少額の保証所得から得られたデータも、同様の結果を示している。アラスカ州民は本土四八州の州民と労働時間は変わらないが、生活は経済的により安定している。昨秋、僕はアンカレッジのマウンテンビュー地区の保養施設を訪ねた。施設の看板には「アメリカで最も多様性に富む地域」と書かれていた——アラスカ州は人口の三分の二が白人なのになぜ？　この地区の住民は、ニューヨーク市とほぼ同じ、一〇〇近くの言語を話し、世界各地から来ている。マウンテンビューは、全般的に白人が多く保守的な州にポッカリできた多様性のある地域で、住民はそのことを誇りにしている。

ある晴れた秋の日、恒久基金から毎年受け取る配当小切手が生活におよぼす経済的影響について話すために、六人のアラスカ人が集まってくれた。カーナード・デイビス、通称ミスターCは、地元の少年少女クラブのリーダーで、ティーンエイジャーの部員たちが放課後に上階でバスケットボールをしている音が天井から聞こえていた。ミスターCはアトランタ出身で、七年前休暇でアラスカを訪れ、そのまま住むようになった。「ここの生活はとてもシンプルです。来たとたん、ここでならやり直せるかもしれないと思いました」と彼は言う。「それに冬だってそこまでひどくありませんよ」。

NPOの乏しい給与で暮らすミスターCのような人にとって、年一四〇〇ドルの小切手はあてにできる臨時収入だ。「ずっと真面目に払い続けてきても、滞納したとたん大家さんに告げられる。払わないなら立ち退いてください、とね。つらいですよ」とミスターCは言った。「そんなときＰＦＤ（恒久基金配当）がきて、重荷を取り除いてくれるんです」。年にたった一〇〇〇ドルの小切手では大して生活は変わらないと思う人も、アラスカ人の実情を知れば考えを改めるだろう。アラスカ人は小切手をとても喜び、必要とし、頼りにしている。

ほとんどの人は増えた収入を、ミスターＣの家賃のような請求書の支払いに使うか、いざというときの緊急資金や子どもの学費のために取り置いている。すぐに使うのは四人に一人である。アラスカ先住民の多くは、年に一度の現金収入を、冬の灯油代にしている。アラスカ人に尋ねると、自分も周りの人も、配当のせいで働かなくなることはないという。[17]

アラスカ州は人口の多くが、地理的に隔離され飛行機でしか行き来できない地域に住んでいるにもかかわらず、配当のおかげもあって、全米でもとくに貧困率が低い州だ。所得の相対的格差のランキングでアラスカは最下位、つまりアメリカ五〇州のなかの五〇位と、全米で最も平等な州である。[18]

少額の定期的な現金収入に、なぜこれだけ大きな力があるかといえば、収入の周期的な浮き沈みを軽減する効果があるからだ。定期的な収入は、崖っぷちの生活をしているという焦燥感を和らげる。そうした感覚がひどいストレスと誤った判断のもとになることが、研究で示されている。オランダの歴史家、ルトガー・ブレグマンがＴＥＤで挑発的な問いを投げかけた。「なぜ貧しい人は借金が多く、喫煙量が多く、運動量が少なく、健康に悪い食事をするんでしょう？」彼は続けた。「彼らが鈍くて怠惰だからじゃありません、欠乏の心理のなかに暮らしているからなのです」。

人は誤った判断のせいで貧乏になるのではない、貧乏だから誤った判断をしてしまうのだ。「まるで新しいパソコンで一〇個の重いプログラムを同時に動かすようなものです。どんどん動作が遅くなり、エラーが増え、しまいにはフリーズしてしまいます――それはパソコン自体の性能が悪いからではなく、同時にやることが多すぎるからなのです。貧困層も同じ問題を抱えています。愚かだから愚かな判断を下すのではない。どんな人も愚かな判断を下してしまうような環境に暮らしているのです[19]」。

彼の議論は、経済不安が貧困層に限らず、中間層の精神状態にも悪影響を与えることを明らかにした心理学研究によって裏づけられている。ハーバード大学の経済学者センディル・ムッライナタンとプリンストン大学の心理学者エルダー・シャフィールは、人が欠乏のせいで「洞察力が衰え、前向きな考え方ができなくなり、抑制が利かなくなる」ことを明らかにした[20]。彼らはニュージャージー郊外のショッピングモールにいた人たちを、収入の自己申告によって富裕層と貧困層とに分類したうえで、「あなたの車に不具合があって、修理に三〇〇ドル必要な場合どうしますか？」と尋ねた。この質問をじっくり考えてもらってから、続いてＩＱテストに似た、一般知能を測る標準的なテストを実施した。

次に研究者は別の集団に同じ質問とＩＱテストをしたが、このときは修理代に〇を一つ足して、三〇〇〇ドルにした。結果、予想外の出費が三〇〇ドルの場合は、貧困層も富裕層も知能テストの得点は変わらなかった。ところが修理代が三〇〇〇ドルに増えると、貧困層のＩＱポイントは、富裕層に比べて一五ポイント近く下落したのだ。貧困層と富裕層の唯一の違いは、質問によって引き起こされた経済的なストレスの大きさだけだった。「明らかに、これは生まれながらの認知能力の問題ではない」と彼らは結論づけた。「貧困層が劣っているように見えるのは、多くのアプリケーションを走らせると動作が遅くなるプロセッサと同じで、彼らの処理能力が別のことに使われているからなのだ[21]」。これほどのＩＱポイントの低下は、一睡もせず徹夜明けでテストを受けた場合の影響にほぼ匹敵するという。いいかえれば経済的安定を欠く人は、疲弊し精神的余裕のない、徹夜明けのような状態で日々を過ごしているのだ。

数十年にわたる実験や当事者の体験は、哲学者や社会運動家が昔から信じてきたことをそっくりそのまま示している——たとえ少額であっても、人は現金を受け取ることでより賢明な判断を下し、より安定し充実した暮らしを送ることができるのだ。少額の現金の定期給付によって、仕事を探し、子どもを学校にとどめ、栄養価の高い食事をとり、健康になろうという意欲が高まるが、それは崖っぷちから一歩遠ざかったぶん、ストレスが減るからだろう。

ＥＩＴＣの枠組みを土台とする保証所得プログラムは、このようなよい影響を増幅させることができる。

第9章

「上位1%」のお金を有効に使うには

What We Owe One Another

インフレ懸念はおそらく杞憂に終わる

われわれアメリカ人は世界で最も豊かな国に、歴史上最も豊かな時代に暮らしているが、ほとんどのアメリカ人にはそう感じられないかもしれない。なぜかといえば、国の富のほぼ半分が、超富裕層の豪邸やプライベートジェット、銀行口座に眠っているからだ。これほど莫大な富がこれほど少数の人によって所有されるのは、一八六五年の南北戦争終結から一八九三年の恐慌まで続いた「金ぴか時代」以来のことだ。だがそれに続く進歩主義時代の諸改革と、ニューディール政策、リンドン・ジョンソン大統領の「偉大な社会」政策により、誰もが豊かさを実感できる、長い安定期が幕を開けた。しかし一九七〇年代末、わが国経済の基本構造の一部が変更された、あの決定的な時期を境に、富裕層の富のシェアが拡大し始め、この傾向はいまも衰える気配がない。▽1 現在わが国の最上位一%の人々が、アメリカ全体の富のほぼ四〇%を所有している。▽2 これは下位九〇%の人々が所有する富全体の一・五倍にあたる。

一九八〇年代に信奉され、のちに誤りを暴かれた「トリクルダウン経済学」、つまり富裕層や企業を豊かにすれば、富が国民全体にしたたり落ちるという理論が、過去一世紀間で最も不平等な経済を生み出した元凶である。アメリカの繁栄をもたらすのは、超富裕層の税負担の軽減ではなく、主に個人消費の伸びだということが今ではわかっている。中流階級の家庭はお金ができればそのぶんを使うため、経済成長が促され、貧富を問わずすべての人の生活が向上する。お金に困った人が一〇〇ドルを得れば、そのお金は家賃や公共料金、食料品などの支払いに費やされる。これに対し、同じ一〇〇ドルを得た富裕層は、使ってもせいぜい数ドルで、ほとんどのお金を当然のように銀行に預ける。[3]

権威ある経済シンクタンク、ルーズベルト研究所の最近の研究によると、アメリカのすべての成人に月五〇〇ドルの保証所得を与え、富裕層に対する増税と適度な赤字支出でその財源を賄う場合、アメリカ経済は今後八年間で七%成長するという。[4] つまり実質GDPの伸びが、毎年一パーセントポイントずつ上乗せされるということだ。ここ数年のGDP成長率が毎年二%程度だということを考えれば、大きな経済活性化になる。

経済に流れ込むお金の量が増えればインフレになるのではないかという、もっともな懸念もある。大方の経済学者は、保証所得がインフレ率を高めることをそれほど危惧していない。最近のインフレ率が頑固なまでに低いことを考えれば、なおさらだ。むしろ多少のインフレは債務者の負担を軽減すると考える人も多い。またインフレを危惧する人でさえ、保証所得の財源を政府債務ではなく高所得層への増税で賄う限り、マネーサプライは一定に保たれ、インフレの可能性は低いと考える。現金給付プログラムに関する国際研究では、インフレ水準が高まるという証拠はほとんど見られない。[5]

経済学者と政策立案者の間で、労働者に何らかの種類の現金給付を与える必要があるという見解がますます広がっているが、具体的な方法についてはまだ議論が続いている。二〇一六年一〇月の国際通貨基金(IMF)の報告書は、ベーシックインカムを「前向きなアイデア」と称し、めまぐるしく変化し続ける世界に安定性をもたらす施策になると強調した。「(技術進歩に伴う労働市場の混乱などにより)雇用不安が高まっている経済環境では、既存の保険機構を拡大することが重要な政策目標になるかもしれない」と報告書は述べている。「(ユニバーサル・ベーシックインカムは)個人と家庭にとって安定した収入源になり、所得減や失業のショックを和らげることができる」。[6]

ただしIMFは、保証所得が最も高い効果を上げるのは、セーフティネットがほとんど存在しない途上国や、一貫したセーフティネットのないアメリカのような先進国だと明言する(報告書は、強力なセーフティネットが存在する大半のヨーロッパ諸国のような先進国については、保証所得を導入しないことを推奨する)。保証所得は、貧困層やその他助けを必要とする人々により的を絞った、ほかの社会保障政策によって裏打ちされ、支えられる場合に最も効果が高いとIMFは考える。

保証所得は歴史的に右派の受けがよいことから、保証所得が超党派合意の実現する数少ない領域になることを、左右両陣営の多くが願っている。とはいえ、この考えに関する両派のコンセンサスは、あったとしてもせいぜい薄っぺらいものだ。リバタリアン（自由至上主義者）は保証所得を、公的年金やメディケア、メディケイド、フードスタンプの代わりになるものと見なしている。彼らはこれらの重要な制度を「清算」し、貧富にかかわらずすべてのアメリカ人に対する年約一万三〇〇〇ドルの定額給付と置き換えることを狙っている。このような施策をとれば、数百万人のアメリカ人の経済状態がいまより悪化することは目に見えている。

現存の社会保障を廃止する口実とならないように

共和党有権者は、党指導部の大半が縮小しようと躍起になっているにもかかわらず、公的年金やメディケア、薬物依存治療プログラム、障害者手当を強く支持する。こうしたプログラムを廃止して、現金給付と置き換えるようなことがあってはならない。われわれの目指すべきアメリカは、病人が医療を受け、高齢者や体の不自由な人が年金を受け取ることのできる社会だ。既存の社会福祉プログラムの多くは、貧困問題の根深さを考えれば、まったく規模が足りない。手頃な料金の保育サービス、有給休暇、通勤のための信頼できる公共交通機関を利用できる人はあまりに少ない。たしかにこうしたプログラムには非効率な側面もあり、そうした問題点を洗い出し、修正できるような率直さと透明性の文化が必要だ。だが、有効な施策まで排除してしまうことがあってはならない。

貧困層向けの給付を廃止して、代わりに保証所得のような貧困・中間層に経済的安定を与えるための社会保障制度を導入するのは逆進的であり、最もお金を必要とする人たちからお金を奪い、それほど必要としない人たちにわたす、巧妙な方法である。これに対し、既存の諸制度を土台とする保証所得なら、最も利益を得るのは最も所得が少ない人たちである。それこそが、福祉制度の本来のあり方なのだ。

民間の慈善団体を通じて、保証所得を必要とする人に提供する試みが始まっている。カリフォルニア州ストックトンは長年の放漫財政により、三年前に破産法の適用を申請した。現在、人口約三〇万人のストックトン市は、新しいカリスマ的リーダーでアメリカ史上最年少の市長マイケル・タブスのもとで、少数の市民を対象とした保証所得実験を行っている（資金は主にＥＳＰが拠出する）。受給対象者や給付金額、給付期間は、地域社会の人たちが決める。この実験のねらいは、現金というかたちで支援を与えられたとき、普通のアメリカ人に何が起こるかを理解し、それを広く伝えることにある。

これはほんの手始めにすぎない。われわれが直面するこれほどの規模の格差問題は、長い目で見れば慈善で解消できるものではない。「ギビング・プレッジ」（ビル・ゲイツとウォーレン・バフェットが立ち上げた、生涯のうちに資産の半分以上を慈善団体に寄付することを世界の大富豪に呼びかける運動）を通じて大富豪が寄付した金額をすべて足し合わせても、アメリカの保証所得の一年分の資金にしかならないのだ。民間の慈善団体は、アイデアの実験と実証を短期的に加速させる役割を担うことはできても、保証所得を長期的に持続可能にするには、公共政策の変更が必須となる。

幸いなことに、既存のセーフティネットを補強しつつ、労働者世帯に保証所得を提供できる資金は十分ある。年五万ドル未満の収入しかない世帯で暮らすすべての労働者に、月五〇〇ドルずつを支給するには、連邦予算に年間二九〇〇億ドルの追加財源が必要だ。[7] これはわれわれが国防に費やす金額の半分以下で、公的年金やメディケアよりも大幅に少ない。この規模の給付を賄う方法はいろいろある。気候変動問題に取り組む活動家は、二酸化炭素の排出に課税し、税収を貧困・中間層の支援策に回すことを主張する。金融業界の締めつけを図るために少額の金融取引税を課し、その税収を生活困窮者に配分するという案もある。これらのいずれか、または両方の税収があれば、保証所得の財源確保が容易になるだろう。どちらも注目すべき良案だが、解決策が問題とより直接的に結びついている方が望ましい。

上位一%への増税で財源はすべて賄える

最もシンプルで最も有効な方法は、わが国の所得最上位層、つまり新しい経済要因から莫大な利益を得ている僕のような人たちに、財産のわずかな割合を恩返しとして支払ってもらうことだ。上位一%への増税は、富裕層への罰でも、豊かさへのペナルティでもない。より公正で公平な社会は、万人の利益になるのだから。全米の医師や弁護士、中小企業オーナーは、それぞれの社会で裕福な成功者と見なされているが、コストを負担すべきは彼らではなく、僕のような人たちだ。

第一に、税法を改正して、高所得層の投資所得に、勤勉なアメリカ人の所得と同じ税率を適用する。具体的には、年収二五万ドル以上の高所得層のキャピタルゲイン・配当の特別税率を廃止すれば、年間八〇〇億ドルの税収増を確保できる（これはウォーレン・バフェットの提案で、「バフェット・ルール」と呼ばれる。彼の実効税率は秘書の所得税率よりも低いのだ）。

第二に、最富裕層には税額控除に二八%の上限を設け、税の抜け道をふさぐ。たとえば相続財産の含み益を課税所得から控除するなどの措置を廃止する。豪邸を相続した場合は、それと同等の現金を相続した場合と同じ税金を支払うべきだ。こうした抜け道をふさぐことで、年間三四〇億ドルの財源を確保できる。そして最後に、年間所得の二五万ドルを超える部分に対する税率を、二〇世紀の大方を通じた平均値である五〇%に引き上げる。年収三〇万ドルの世帯は課税額が数千ドル増えるだけだが、年収三〇〇〇万ドルの大富豪は数百万ドル増えることになる。これで年間一九〇〇億ドルを確保できる。これらの変更によって給付の財源をすべて賄うことができるため、国の借金が増えることはない。予想どおり経済成長が加速すれば、長期的にはコスト減が見込める。

富裕層に相応の負担を要請するということは、わが国の最も裕福な五〇〇万世帯が、四〇〇〇万以上の生活困窮世帯で暮らす約九〇〇〇万人を支援するための保証所得を負担するということだ。

その原理はシンプルだ——国をよくするために働けば、国が面倒を見てくれる。年収五万ドル未満の世帯で暮らすすべての正規労働者、在宅介護者、学校在籍者は、月五〇〇ドルの保証所得を受け取る。富裕層は給付を受けず、最富裕層だけがその費用を負担する。

保証所得は、第8章で説明した勤労所得控除（ＥＩＴＣ）の拡充と現代化を通して導入するのが最適だろう。現代版ＥＩＴＣは労働者に保証所得を提供し、現行制度の有効な施策を活用しつつ、有効でない施策に意味のある改善を加えたものになる。保証所得は実質的には税額控除だから、課税されない。また重要なことに、保証所得は勤労所得ではないため、受給者がほかの公的制度から外されることもない。

現在のＥＩＴＣの受給者は、世帯人数や居住州、前年度の所得をもとに算定された金額を年に一度だけ、小切手のかたちで受け取っている。また税の還付金と合算した金額を支払われるため、ＥＩＴＣがなんなのかさえ知らない人が多い。ＥＩＴＣの枠組みを土台とする新しい保証所得は、具体的には次の方針をもとに設計されることになる。

▼補完的である

保証所得はほかの所得や、貧困層の場合はほかの給付金を補うものだ。現在のＥＩＴＣの給付額は低すぎて、不安定な仕事と高い生活費に対処する助けにならない。月五〇〇ドルの給付であれば、平均的な受給者の収入は三分の一以上押し上げられる。誰にとっても労働力から完全に退出できるほどの金額ではないが、家賃や学費を支払うのに四苦八苦している人たちの生活に、意味のある違いをもたらすには十分な金額だ。

▼対象範囲が広い

貧困層は過去何世代にもわたって所得補助を必要としてきた。また生活費の上昇と不安定な賃金は、中流階級の経済不安もかき立てている。保証所得はどちらの層にも、基本的な支えを提供する。受給者の人数を増やすことに加え、受給者の範囲を拡大することにより、貧困対策撲滅プログラムについて回る恥の意識を和らげ、プログラムの長期的な支えとなる政治的基盤を生み出すことができる。

▼定期的である

保証所得は受給者の生活を背景で支える安定したリズムになるよう、年に一度ではなく月に一度給付され、特定の月に何が起ころうともあてにできる収入源になる。既存のＥＩＴＣの年間給付額を月割りにして支払う試験プログラムでは、参加者の九〇％以上が、一括払いよりもこの方式を好んだ。▽8

▼単純である

試験プログラムの受給対象者は誰でも、口座振込か、定期的に入金されるデビットカードのかたちで、月五〇〇ドルを受け取ることができる。現在のＥＩＴＣの金額は複雑な算式で決定され、受給者と政策立案者の両方にとってわかりにくいものになっている。そのせいで、確実で定期的な給付が本来与えてくれるはずの安心感が薄れ、また批判に対してプログラムを擁護することが難しい。各世帯の事情に合わせた、的を絞った給付は、理屈のうえではすばらしいが、人々が実際に求めているのは確実で単純で、金額が予測できる給付だ（ただし「逓減段階」の税率のせいで、受給世帯の所得分布最上位にあたる年収五万ドル近くまたはそれ以上の世帯は、受給額が五〇〇ドルに満たない場合がある）[9]。

▼透明性がある

ＥＩＴＣの受給者のほとんどではないにせよ多くが、自分がなぜ、いくらの還付を受けるのかを十分に理解していない。確定申告を行った時期から類推して、還付の大まかな時期がわかるだけだ。この不透明性のせいで、受給者は給付に気づくことも、話題にすることも、擁護することもめったにない。ＥＩＴＣは複雑な税制に埋没している[10]。それは四〇年前に法案を通すために政治的に必要な措置だったが、いまでは制度の長期的利益にかなっていない。家族の銀行口座に毎月一日に一律の金額が直接振り込まれれば、受給者は家計をやりくりするのを政府が手伝ってくれていることを意識するだろう。改正には国民を巻き込んだ議論が必要になるが、目立たないように隠されたものより、人々が理解し、長期的に擁護することができる給付の方が、長期的には望ましい。

▼仕事の定義の拡大

正規雇用からは脱落したがまだ働いている人たち――有意義なかたちで育児や介護に携わっていたり、大学に在籍している人たち――も、確実に給付金を受け取れるようにするためには、「仕事」の定義を拡大する必要がある。端的にいうと、前年度に収入があったか、六歳以下または七〇歳以上の扶養家族を納税申告書で申告したか、認可された大学に在籍している人は、保証所得を受給する資格がある。

このように大幅に拡充、現代化されたＥＩＴＣは、給付を受けることになる六〇〇〇万人の成人だけでなく、彼らの世帯で暮らす二九〇〇万人の未成年者にも手を差し伸べることができる。[▽11] 新しい給付制度のもとでは、どの世帯もいまより給付金額が減ることはなく、数千万人が、大幅に増えた金額を、定期的にかつ透明な方法で受け取ることになる。[▽12]

保証所得から最も利益を得るのは、これまで経済開発プログラムで見落とされてきた人たちや除外されてきた人たちだ。アメリカの低所得世帯は、有色人種が不釣り合いに多い。こうした世帯は、過去の教育制度や財政支援策からも組織的に除外されることが多かった。多くの有色の人々が、改善を求める運動を行っている。ＮＰＯのコミュニティ経済開発研究センターの会長アン・プライスも書いている。「ベーシックインカム制度が、ユニバーサル・

ベーシックインカムに関する主流の議論で取り上げられるよりもはるかに大きなポテンシャルを秘めていることは明らかだ。この制度はきわめて根深い人種、経済格差に正面から向き合う手段になるかもしれない[13]」。年収五万ドル未満の世帯を対象とする保証所得は、とくにアフリカ系とラテン系アメリカ人の所得を増やす効果がある。

教育と職業訓練のほうが効果的?

現金を支給するという考えには、反対論もある。真っ先に批判を唱えるのは、人道的な考えをもってはいるものの、最も重要なのは教育やスキルだと考える人たちだ。昨年、ある晩餐会の前のカクテルアワーで出会ったカップルは、人々に現金を支給することが、教育と同等かそれ以上に重要だという考えに、納得がいかないようだった。彼らは眉を上げ、明らかに怪訝そうに言った。「あなたがいまこうしてあるのは教育のおかげだと思いませんか?」僕は世界トップクラスの教育を求め、それを与えられ、実際にその恩恵に浴してきた——だから教育は、どんな人も助ける重要な手段のはずだろう、というのだ。「魚を与えるより魚の釣り方を教えよ」ということわざもある。

知識経済化が進むなか、このような考えに拍車がかかっている。生活賃金を得られる単純労働の仕事が減っているというのなら、高スキル高賃金の「未来の仕事」に必要なスキルや技能の習得を助けることが、何より必要だろうという考えだ。すぐれた教育というしっかりした基盤を与え、大学教育をより多くの人に安価に提供すれば、進取の気性をもつ人なら誰でも経済的に安泰な人生を送れるというのだ。

だが知識部門の雇用は、労働力の約五〇%を占める低賃金のサービス部門の雇用に比べると増え方が緩やかだ。▽14 初等、中等、高等（大学教育含む）への過去数十年間におよぶ投資は、美しい校舎や本でいっぱいの図書館を生み出したが、その半面、教育費の高騰を招き、所得階層間の流動性は低下している。

児童の学業成績を高めるうえで、多くの教育プログラムと同じくらい、経済的に安定した家庭生活が重要だということを、社会科学の研究は示している。一方で、就学前教育の無償化（UPK）プログラムの実績から、学校教育を開始する時期が早ければ早いほど、のちの学年での学業成績が高くなることもわかっている。ニューヨーク市長ビル・デブラシオが就任早々UPKを公約に掲げたほか、ほかの多くの進歩主義的な指導者がこの考えを支持している。

たしかに就学前教育の普遍化は大切だが、長い目で見て子どもたちにより充実した人生を歩ませるためには、子どもたちの家庭に現金を給付する、現代化されたEITCと並行して行うのが、最も効果が高いだろう。ブルッキングス研究所による二〇一六年の報告書は、EITCを通じて現金給付を受けた世帯の子どものテストの成績と、UPKに参加した子どもの成績を比較した。報告書の著者グローバー・ホワイトハーストは、現金給付とUPKの長期的影響を調べるために複数の研究を分析し、「低所得層の親の手にわたる現金を増やす家庭支援策は、一年間の就学前教育や、『ヘッドスタート』(低所得層を対象とした未就学児童に対する政府の育児支援プログラム)への参加、低学年の少人数クラス化に比べて、一ドルの支出あたりの子どもの学業成績向上効果がはるかに高いことがわかった」と述べている。[15] 低所得家庭にわたす一ドルは、就学前教育に投資する一ドルの二倍から五倍近くの効果があるのだ。

もちろん、ここでは就学前教育の中止を求めているのではない。たんに、教育機会の均等か、子どものいる家庭の経済的安定かの二者択一を人々が迫られるようなことがあってはならないと言っているのだ。幼い子どもをもつ親は、子どもを幼稚園に入れ、なおかつ毎月の家賃と食費、交通費、医療費を賄うことができて当然だ。子どもの教育は重要だが、親子がそれを十全に活用できるためには、経済的安定が伴わなくてはならない。

同様に職業訓練を、大人の失業問題を教育で解決する方法とみなす人が多い。二〇一七年の春に会ったオハイオの工場主も、僕が全米各地で聞いたことを繰り返した。「ここには仕事はたくさんある」と彼は言った、「それに見合う資格をもった人がいないだけだ」。製造業の経営幹部の三分の二以上が、適切な技術的スキルをもつ人材が足りないと答えている。[16]
だが連邦政府の職業訓練プログラムが、この問題を解決できると考えるべき理由はほとんどない。連邦政府は長年この種のプログラムを数多く実施してきたが、大した成果は上がっていない。労働省は二〇一六年に、近年の成人向け職業訓練プログラムへの投資はまったくの期待外れで、参加者の大半が、最終的に仕事に就けるかどうかは訓練と何の関係もないと考えていた、と結論づけた。[17] 実際、職業訓練がハードなほど、参加者がのちに仕事から得る収入は少なかった。二〇一二年に行われた、労働省最大の職業訓練プログラムに対する評価でも、上記と同じ結論が出ている。政府は参加者一人につき一万一五〇〇ドルもの投資を行ったが、数年後の調査時に訓練を受けた分野で働いていた人は三分の一にも満たなかった。[18]
職業訓練プログラムが今後改善すると信じるべき理由はいくらかある。[19] だが政府がプログラムを運営するより、時代に即した、今まで以上に幅広いカリキュラムを提供しているコミュニティカレッジ（地域短期大学）や専門学校で学びやすくする方が効果が高い（同様に、最近ではリンダ・ドットコムやユーデミーなどの有望な職業サイトを利用して、ギグ・エコノミーに適したスキルを安く効率的に学ぶことができる）。

引っ越し資金さえない人もいる

問題は、スキルを高める教育機会があっても、それを利用できるお金をもっていない人が多いことだ。釣りができるように教えても、釣り竿やリール、エサを買うお金がなかったら何のためになるだろう？

二〇一七年の春、オハイオ州北東部のバーで、ヤングスタウン郊外で育った地域再開発専門家のリサ・ラムジーと同席した。ここは一九七〇年代末の鉄鋼工場の閉鎖からいまだ立ち直っていない都市で、いろいろな意味でアメリカの典型的なラストベルト（停滞した工業地帯）である。二人でダイエットコークを飲みながら、僕はありきたりで、おそらく幼稚な質問をした。「失業した人はなぜ学校に戻らないんだろう？」

リサはスマートフォンで記事を検索して、僕に見せてくれた。一週間前に地元のコミュニティカレッジが閉鎖を発表したばかりだった——費用が高騰し、運営を継続できなくなったのだ。ここから一番近い職業学校、イースタン・ゲートウェイ・コミュニティカレッジのヤングスタウンキャンパスは、車で三〇分の距離にあり、授業料は年間八〇〇〇ドルだ。[20] ほとんどの学生が学資援助を受けているが、それでも年間の自己負担額は平均一二〇〇ドルほどで、しかもこの金額には保育料やガソリン代、在学中の逸失賃金などは含まれない。「誰も貯金なんかもたないこんな場所で、どうやって行動を起こせっていうの？」と彼女は返した。「こんな状況で教育を受けている人がいるのが信じられないくらいよ」。最近のコミュニティカレッジ無償化への動きには期待がもてるが、それでも逸失賃金や保育料、交通費はかかる。学校に数千億ドルもの税金が投入されてきたが、教育を受けるためのお金がなければ、経済状況を改善できるはずがないという事実が見過ごされている。

リサと僕はドリンクを飲み終えると、家の前にたむろしている人たちや勤め帰りの人たちと話すために界隈を歩いていた、別のグループと合流した。僕らが通りがかった家には廃屋もあったが、美しいビクトリア朝の家も多く、きれいに刈り込まれた芝生に風鈴、クッションつきの椅子を置いたデッキなどがあった。そのうちの数軒には「売家」の看板が掛かっていた。

数百平米ほどありそうな大きな家は、看板に売値が書かれていた。一万八〇〇〇ドル。ゼロを一つ書き忘れたのではないかと思ったが、僕を迎えてくれた地元のＮＰＯの代表カーク・ノデンは、残念ながらまちがいではないという。この地区の住宅は何年も前から取得価格より大幅に安く売りに出されている。一時間ほどして、車まで歩いて戻りながら、僕はずっと疑問に思っていたが聞きづらかったことを、思い切って聞いてみた。「仕事がないのに、どうしてここにとどまろうとするんだろう?」カークは一瞬黙り、どれだけ率直な答えを返そうか、迷っているように見えた。「どうしてここを離れられる? そんなお金がどこにあるんだい?」。州をまたぐ引っ越しの費用は平均五〇〇〇ドルを超える。[21] 最低賃金しか得られず、貧困ラインすれすれで生活している人たちにとって、それだけ貯めるのは並大抵のことではない。家を一万八〇〇〇ドルで買ってくれる人が見つからない限り、いますぐ荷造りをして大都市に引っ越すなど、とてもできない相談だ。唯一の選択肢は引っ越し資金が貯まるまで働き、それから荷物をまとめて電気を消し、家を出ることだ。

たとえ最低賃金の細切れ仕事でも、仕事さえしていれば、教育を受けたり就労機会の多い新しい都市に引っ越したりする踏み台ができる、と考える人もいるだろう。だが僕はこの二年間で、仕事をしているのに身動きがとれないアメリカ人の話を多く聞いた。二〇一五年の『USAトゥデイ』にも、バーガーキングで週二五時間働く、デトロイト在住の五二歳の男性セシル・ユジアリーの話が載っている。[22] 時給八ドル一五セントで働き、年収は約一万ドル、一人暮らしをする余裕はとてもない。母が亡くなってからは教母(名づけ母)の家に間借りしながら、自立するために貯金している。

セシルは雇用されているが貧困のなかで暮らす、全米数百万人の健常で勤勉なレストラン従業員の一人だ。セシルの仕事は勤務時間が不定なパートタイムで、何の手当も受けられない。また独身だから、家族を主な対象とする多くの公的支援制度からもほとんど給付を得られない。セシルのような物語を聞くと、最低賃金を一五ドルくらいに引き上げて生活のやりくりを助けるべきだと思うかもしれない。たしかにそうだ。それだけ引き上げられれば、年収も一万九〇〇〇ドルほどに増えるだろう。

だが最低賃金の引き上げは、保証所得の導入と並行して実施されなくてはならない。セシルのような人たちを雇用する企業と、超富裕層が働く多国籍巨大企業とが提供する経済的安定の格差を縮小するためのコストは、社会全体が負担すべきである。最低賃金の引き上げは、利鞘の薄い企業に過大な負担となる。保証所得は、それを賄える人たちからお金をとり、必要とする人たちにわたす仕組みだ。最低賃金の引き上げと組み合わせることで、両者はアメリカの貧困に歴史的に大きな改善をもたらすことができるだろう。最低賃金の引き上げと、保証所得による月五〇〇ドルの追加収入があれば、セシルは数千万人のアメリカ人とともに貧困ラインを越えることができる。

薬物依存やホームレスの対策にも現金給付が効果的

セシルの物語はよくある話なのか、と疑う人もいる。人の言うことなんて信用できない、貧困層は保証所得のお金をもらっても浪費するだけだ、という声も聞かれる。デトロイトで行った集団討論で、ある白人女性が本音をぶちまけた。『もらって当然』という考え方の人たちは、さぞ喜ぶことでしょうよ。そういう人たちは制度を悪用する方法を知っている」と、彼女は保証所得についていった。「彼らが何にお金を使うか、わかったもんじゃない。お酒、タバコ、何でもありよ」。彼女自身、その夜討論に参加していたほとんどの人と同様、フードスタンプやEITCなど、何らかの公的扶助を受けていたにもかかわらず、不特定の「他人」のお金の使い方に不信感をもっていた。人種差別が見え隠れする発言で、「自分のような人たち」はお金を有効に使うから信頼できると言い、「失業手当をもらっている」なまけ者とはちがうと強調した。他方、こうした白人労働者階級の有権者からは、オピオイド依存症の家族や知り合い（その多くも白人である）が給付金でドラッグを買うのではないかという懸念も聞かれた。

だが現金給付が薬物乱用率を高めることを示唆する証拠はほとんどない。[23] これまで数万人の受給者が現金給付の影響を調べる研究に参加しているが、薬物とアルコールの消費量は、給付前よりも減るという結果が出ている。世界銀行は現金給付プログラムでの薬物使用とアルコール消費を調べた四四の研究のレビューを行い、ほぼすべての研究で消費量が減ったことを確認した。[24] 中毒者はもらった五〇〇ドルを薬物に使ってしまうことがあるだろうが、彼らを貧困のうちにとどめても問題の解決にはならない。依存症の克服を助けるのは、よりよい薬物対策だ。

また保証所得は、ホームレス問題への強力な対抗手段になる。実際、ホームレス化自体を防止できるかもしれないのだ。最近の研究で、ホームレス寸前のワーキングプアに、一度限りの一〇〇〇ドルの現金を支給したところ、受給者が三か月後にホームレスになっている可能性は八八％低く、六カ月後は七六％低かった。「この効果が時間とともに消え去るという証拠は認められなかった」と、報告書の著者であるノートルダム大学のジェームズ・サリバンは『サイエンス』誌に語っている。[25] シェルター（一時宿泊施設）や警備、医療など、ホームレス一人につき二年間に二万ドルのコストを納税者は負担している。この数分の一のお金があれば、受給者は不安定な収入の影響を和らげ、路上生活を脱することができ、またわれわれの全体としての財政負担も軽減できる。

労働者のための保証所得は、最も助けを必要とするアメリカ人の生活を改善するだろう。

人々に夢を追いかけるための力を与え、われわれが語り合ってきた「すべての人に平等な機会を」という理想に近づくことができる。超富裕層に応分の負担を要請することで、経済のバランスを取り戻すことができる。これは恐れず積極的に擁護すべき、スケールが大きくシンプルなアイデアだ。

保証所得に懐疑的だった僕の父は、やがてこの考えを受け入れるようになった。人は働きたいと思っているという点、そして働く人は貧困であってはならないという点で、父と僕は意見が一致する。アメリカの雇用の不安定化と、現金給付から得られた証拠を、今では父は理解している。そして応分の負担をすべきなのは父のような人たちではなく、超富裕層だという点で、二人は意見が一致する。

マルティン・ルーサー・キング・ジュニアが一九六七年に保証所得を求める運動を始めたとき、貧困に暮らすアメリカ人は四〇〇〇万人だった。それから五〇年経ったいまも、まだ四〇〇〇万人のアメリカ人が貧困に苦しみ、さらに多くの下位中流階級の人たちが経済破綻寸前の状態にある。われわれにはこの状況を変える力がある。最上位一%が負担する月五〇〇ドルの保証所得は、二〇〇〇万人を貧困から救い、彼らに経済的に自立する公正なチャンスを与えるだろう。

「外に出るには、入ってきた扉を使えばいい」という、孔子の古い格言がある。単純な解決策があるなら、それを使わない手はない。

あとがき

僕と同性のパートナーである夫は今年、第一子となる男の子を迎える予定だ。息子が暮らすことになるこの世界と、彼が占めることになる恵まれた立場のことを、僕はとても憂慮している。彼はマンハッタンのグリニッジビレッジで育つことになる。もとはアーティストやクリエイティブな人たちが多く住む地域だったが、いまでは上位一%に属していなければ住めなくなりつつある。彼は僕の生家よりずっと広く立派な家に住み、お金で買える最高の食事や教育、医療を与えられるだろう。

だがこうした恵みも、不安定と貧困が蔓延する国では何の価値ももたない。経済の仕組みがいまのまま変わらなければ、おそらくそのとおりの世界が待っているだろう。資本主義の潮流は否応なしに不平等へと向かうため、市場を富裕層だけでなく万人のために機能させるには、不断の警戒が欠かせない。これは重要なことだ。なぜなら、ほとんどの人が基本的に公正な世界を望んでいるからであり、また近年のペースで富の集中が続けば資本主義の崩壊を招きかねないからでもある。富裕層の投資ポートフォリオに集中したマネーは、巨大ヘッジファンドの高度な取引操作にとらわれ、最も多くの人に恩恵を与える生産的な市場に流れなくなる。

もしかすると万事がうまく運び、誰もが豊かさを分かち合える世界を息子たちが受け継ぐこともあり得る。だがより恐ろしく陰鬱なのは、富裕な地主階級が困窮する大衆を支配していた、昔のヨーロッパの文明社会のようなアメリカになる可能性だ。アメリカの活力も起業家精神も、そんな世界の前では萎えてしまう。われわれには軌道を修正する力がある――そして実際に修正した実績がある。

あまりにも大きく大胆なアイデアだからという理由で、保証所得を擁護したがらない人もいる。もし導入されれば、労働者支援のために政府にできると思われていることが大きく広がることはまちがいない。それには莫大な費用がかかり、最富裕層への新たな課税が必要になる。しかし、いまの政治が守りの体制に入っているからといって、より安定した正しい未来を構想し、実現することを放棄してはいけない。慎重になりすぎた政策がどんな結果を招くのかを、われわれは近年目の当たりにしてきた。また一丸となって目指すことのできる勇壮な野心が必要なことも、われわれは学んだ。大胆なアイデアを、馬鹿げているから、突飛だからという理由で避けていると、ポッカリ空いた穴をいたずらな脅威論や排外論が埋めてしまう。

ドナルド・トランプがこれまで進歩主義的価値観を攻撃してきたせいで、僕らのような左派の多くは、社会的セーフティネットを排除しようとする試みや不正に抵抗し、つねに守勢に回っているように感じている。だがこれは重要な仕事であり、僕と夫、多くの友人たちが生涯を捧げると決めた仕事だ。そして守勢に立つだけでなく、この国をどんな国にしたいかという夢や希望に訴える、大胆な解決策を攻撃的に追求しなくてはならない。目先の政治的闘争がどんなに重要であっても、それにとらわれるあまり、大きな夢をもち、誰もが繁栄を謳歌できるアメリカ経済を構築する仕事をおろそかにしてはならない。

ニューエコノミーの恩恵を最も受けている人々は、経済の公平性ということについて大胆に考える特別な責任を負っている。フェイスブックのＩＰＯ後、僕と夫は三〇歳にもならないうちに数億ドルの資産を手にした。そのとき、資産の大部分をより公正な世界を目指す取り組みに捧げようと決めた。そのために、僕らはこれまでさまざまな道を歩んできた。直接の慈善活動や政治活動もあれば、高級ジャーナリズムの柱を支える試みといった、思いがけない脇道もあった。成功したものもあれば、そうでないものもあった。だが民主主義の基盤そのものが脅かされているように思われるいま、僕らはこの責務の緊急性をひしひしと感じている。保証所得を求める闘いと、それと並行するセーフティネットの防衛は、われわれがいま立ち向かわなくてはならない、最も喫緊で重要な課題だと考える。

もしも僕らの息子が、ほかの人や周りの世界に対して自分が負っている責任を理解せずに育てば、僕は親として失格ということになる。彼が大きくなったら、僕が数十億人のコミュニケーションの方法に革命を起こした企業の草創期に、そしてアメリカ初のアフリカ系大統領を選出した選挙キャンペーンに関わっていたことを教えるつもりだ。僕が犯した過ちについても正直に語るつもりだ。僕がときとして野心にとらわれたことを打ち明け、理想主義的な目的を実現するために地道な手段をとることを恐れないよう、教えるつもりだ。彼の祖父母がどこでどうやって育ったか、僕を養うためにどんなにがんばって働いてくれたか、どんな価値観を僕に伝えてくれたかを、彼に話して聞かせるつもりだ。彼らの職業倫理と、自分たちに与えられた世界をさらによくしようとする熱意を息子が学んでくれることを願っている。

そして彼には僕の考える人生の真実を語るつもりだ――僕は運がよかったのだと。僕ら家族が豊かなのは、僕の優秀さや数十年間の努力の賜ではなく、二一世紀初頭のニューエコノミーが僕らのような選ばれた少数の者に、思いがけない大収入を一夜にして与えたからなのだと。また、僕らの富を生み出したのと同じ要因が、ほかのアメリカ人の成功を阻んでいるのだと。そしてほかの人たちに公正なチャンスを与えるために、僕が残りの人生をかけてきたことを伝えられればと願っている。

僕らには長い道のりと多くの仕事が待っている。政策文書を書き、予算を詰め、試験プロジェクトを開発し、キャンペーンを展開しなくてはならない。だがその道の終着点には、安定した着実な収入がもたらす自由と尊厳をすべてのアメリカ人が享受できる、そんな国が待っている。

この仕事を始めるべきときは、いまだ。

よりくわしく知りたい方へ

本書の収益は、定期的な現金給付によって、人々がニューエコノミーに適応する手助けをする方法を探る研究者と活動家のネットワーク、経済保障プロジェクトのために使われる。同プロジェクトは画期的な経済研究に資金を提供し、保証所得の試験プロジェクトや実証実験を支援し、保証所得の仕組みに関する対話に多くの人の参加を呼びかけるための会議やワークショップを主催している。fairshotbook.com にくわしい情報を掲載した。

謝辞

この本は友人と家族、活動家の仲間の支えと導きがなければ、けっして書くことはできなかった。経済保障プロジェクトの同僚たち、とくにこのプロジェクトをやり抜くよう僕を励まし、支えてくれたナタリー・フォスター、テイラー・ジョー・アイゼンバーグ、アダム・ルーベンに感謝する。この本に書かれた教訓の多くを、僕らはチームとして学んだ。毎日一緒に働く活動仲間として、君たち以上の存在は考えられない。

この原稿がかたちになるまでの間、限りない忍耐心をもって指導してくれたグウェン・ハイマンにとても感謝している。あなたがいつもどっしり構え、鋭い質問を浴びせてくれたおかげで、この本がある。ここ数か月間、僕の話し相手になり、指導役になってくれてありがとう。「その文章に一体なんの意味があるの?」の質問は忘れないよ。

すべてを放り出して原稿を読み、僕の話を聞き、やりたいことを心の趣くままやるよう励ましてくれた、サラ・キャノンに感謝する。この八年間、大きいことから小さいことまで僕を助けてくれたジェネビーブ・パワーズに感謝する。僕を信頼し、無慈悲なまでに率直な意見をいい、頼れる岩でいてくれてありがとう。

長年ベーシックインカムに取り組んできた先駆者たち、とくにピーター・バーンズとアンディ・スターンに感謝を捧げる。あなたたちの初期の研究といまなお続くリーダーシップは、その足跡をたどろうとしている僕らのハードルを上げている。初期の原稿を読み、その後の調査にも協力してくれたジェレミー・デュランにも感謝したい。頻繁でせっかちなデータのリクエストに答えてくれた、カリフォルニア予算・政策研究センターと、課税・経済政策研究所に感謝する。ほんの初期の段階から僕と僕のアイデアを信頼してくれたジム・レバインに感謝したい。初期の原稿を読み、注意深く推敲してくれたアーサー・ゴールドワグに感謝する。このアイデアを買ってくれ、この本を世に出すために驚くほどすばやく動いてくれたマイケル・フラミニとセント・マーティンズ・プレスのチームに感謝する。

働くことの価値と献身の大切さを教えてくれた両親に感謝を捧げる。あなたたちの物語を自由に伝えさせてくれたこと、そして愛に限りがないことを教えてくれたことに感謝する。

そして最も大切なパートナーのショーンへ。君の厳格な基準と批評眼のおかげで、この本は僕一人の力ではなし得ないほど簡潔で明瞭なものになった。僕の早起きと夜更かしを許し、夕食の席では僕のとりとめのないアイデアに何度となく耳を傾け、不本意なほど多くの週末をつぶすことを許し、もっとよく考え、単刀直入に書くようハッパをかけてくれた。こんなに知的で共感できる同志に出会えるなんて思ってもいなかった。君なしでは生きていくことはできない。言葉で表せないほど深く感謝している。

FAIR SHOT | Chris Hughes

参考文献

- The Ad-Hoc Committee on the Triple revolution. "The Triple revolution," 1964. http://scarc.library.oregonstate.edu/coll/pauling/peace/papers/19 64p.7-01.html.
- American Federation of Labor and Congress of Industrial Organizations. "Highest-Paid CEOs." https://aflcio.org/paywatch/highest-paid-ceos.
- Andres, Tommy. "Does the Middle Class Life Cost More than It Used To?" *Marketplace,* June 9, 2016. https://www.marketplace.org/2016/06/09 /economy/does-middle-class-life-cost-more-it-used.
- Apple Inc. "2017 Supplier List." Apple Supplier responsibility Program, February 2017. https://images.apple.com/supplier-responsibility/pdf/Apple -Supplier-List.pdf.
- Baab-Muguira, Catherine. "Millennials Are Obsessed with Side Hustles Because They're All We've Got." *Quartz,* June 23, 2016. https://qz.com /711773/millennials-are-obsessed-with-side-hustles-because-theyre-all -weve-got/.
- Badel, Alejandro, and Brian Greaney. "Exploring the Link between Drug Use and Job Status in the U.S." U.S. Federal reserve Bank of St. Louis, July 2013. https://www.stlouisfed.org/Publications/regional-Economist/July-2013/Exploring-the-Link-between-Drug-Use-and-Job-Status-in-the-US.
- Barnes, Peter. *With Liberty and Dividends for All: How to Save Our Middle Class When Jobs Don't Pay Enough.* Berrett-Koehler Publishers (Kindle Edition), 2014.

- Bastagli, Francesca, Jessica Hagen-Zanker, Luke Harman, Georgina Sturge, Valentina Barca, Tanja Schmidt, and Luca Pellerano. "Cash Transfers: What Does the Evidence Say? A rigorous review of Impacts and the role of Design and Implementation Features." Shaping Policy for Development, July 2016. https://www.odi.org/publications/10505-cash-transfers-what-does-evidence-say-rigorous-review-impacts-and-role-design-and-implementation.
- Bellisle, Dylan, and David Marzahl. "restructuring the EITC: A Credit for the Modern Worker." Center for Economic Progress, 2016. http://www.economicprogress.org/sites/economicprogress.org/files/restructuring _the_eitc_a_credit_for_the_modern_worker_0.pdf.
- Bloom, Ester. "It's Not Your Imagination: Things Are More Expensive Than They Were 10 Years Ago." CNBC, April 25, 2017. https://www.cnbc.com/2017/04/24/things-are-more-expensive-than-they-were-10-years-ago.html.
- Bregman, rutger. "Poverty Isn't a Lack of Character; It's a Lack of Cash." TED Talks, 2017. https://www.ted.com/talks/rutger_bregman_poverty_isn_t_a_lack_of_character_it_s_a_lack_of_cash/transcript?language=en.
- ———. *Utopia for Realists: The Case for a Universal Basic Income, Open Borders, and a 15-Hour Workweek.* Translated by Elizabeth Manton. The Correspondent, 2016.
  (『隷属なき道 ＡＩとの競争に勝つ ベーシックインカムと一日三時間労働』ルトガー・ブレグマン著、野中香方子訳、文藝春秋、２０１７年)
- Bridgman, Benjamin, Andrew Dugan, Mikhael Lal, Matthew Osborne, and Shaunda Villones. "Accounting for Household Production in the National Accounts, 1965–2010." Bureau of Economic Analysis, May 2012. https://www.bea.gov/scb/pdf/2012/05%20May/0512_household.pdf.
- Brynjolfsson, Erik, and Andrew McAfee. *The Second Machine Age: Work, Progress, and Prosperity in a Time of Brilliant Technologies.* W. W. Norton, 2016.
  (『ザ・セカンド・マシン・エイジ』エリック・ブリニョルフソン、アンドリュー・マカフィー著、村井章子訳、日経ＢＰ社、２０１５年)

- Bureau of Labor Statistics. "Employment Status of the Civilian Population by race, Sex, and Age." Economic News release, November 3, 2017. https://www.bls.gov/news.release/empsit.t02.htm.
- Cambridge Associates LLC. "US Private Equity Funds return 0.2%; US Venture Capital Funds return 3.3% In 1Q 2016." Press releases, September 2016. https://www.cambridgeassociates.com/press-release/us-private-equity-funds-return-0-2-us-venture-capital-funds-return-3-3 -in-1q-2016/.
- Campbell, Harry. "RSG 2017 Survey Results: Driver Earnings, Satisfaction and Demographics." *The Rideshare Guy* (blog), January 17, 2017. http://therideshareguy.com/rsg-2017-survey-results-driver-earnings-satisfaction-and-demographics/.
- Card, David, Jochen Kluve and Andrea Weber. "What Works? A Meta Analysis of recent Active Labor Market Program Evaluations." *RUHR Economic Papers,* July 2015.
- Carroll, Christopher, Jiri Slacalek, Kiichi Tokuoka, and Matthew N. White. "The Distribution of Wealth and the Marginal Propensity to Consume." *Quantitative Economics,* June 3, 2017. http://www.econ2.jhu.edu/people/ccarroll/papers/cstwMPC.pdf.
- Case, Anne, and Angus Deaton. "Mortality and Morbidity in the 21st Century." *Brookings Papers on Economic Activity,* Spring 2017. https://www.brookings.edu/bpea-articles/mortality-and-morbidity-in-the-21st-century/.
- ———. "Rising Morbidity and Mortality in Midlife among White NonHispanic Americans in the 21st Century." *Proceedings of the National Academy of Sciences* 112, no.49 (September 17, 2015). http://www.pnas .org/content/112/49/15078.
- Center on Budget and Policy Priorities. "Policy Basics: The Earned Income Tax Credit," October 21, 2016. https://www.cbpp.org/research/federal-tax/policy-basics-the-earned-income-tax-credit.
- Chetty, Raj, John N. Friedman, and Jonah E. Rockoff. "New Evidence on the Long Term Impacts of Tax Credits." *IRS Statistics of Income White Paper,* November 2011. https://www.irs.gov/pub/irs-soi/11rpchettyfriedmanrockoff.pdf.
- Clemens, Michael. "The Millennium Villages Evaluation Debate Heats Up, Boils Over." Center for Global Development, October 21, 2011. https://www.cgdev.org/blog/millennium-villages-evaluation-debate-heats-boils-over.

- Corak, Miles. "Economic Mobility." Stanford Center on Poverty and Inequality, 2016. https://inequality.stanford.edu/sites/default/files/Path ways-SOTU-2016-Economic-Mobility-3.pdf.
- Cornell, C. J. "Startup Funding: Traditional Venture Funding." Rebus Community Press, 2017. https://press.rebus.community/media-innovation-and-entrepreneurship/chapter/section-3-traditional-venture-funding/.
- Costello, E. Jane, Alaattin Erkanli, William Copeland, and Adrian Angold. "Association of Family Income Supplements in Adolescence with Development of Psychiatric and Substance Use Disorders in Adulthood among an American Indian Population." *Journal of the American Medical Association* 303, no.19 (2010): 1954–60.
- DeParle, Jason. "Harder for Americans to Rise From Lower Rungs." *New York Times,* January 4, 2012. http://www.nytimes.com/2012/01/05/us/harder-for-americans-to-rise-from-lower-rungs.html.
- Dews, Fred. "Charts of the Week: The Jobs Gap Is Closed." Brookings Institution, August 4, 2017. https://www.brookings.edu/blog/brookings-now/2017/08/04/charts-of-the-week-the-jobs-gap-is-closed/.
- Dillow, Clay, and Brooks Rainwater. "Why Free Money for Everyone Is Silicon Valley's Next Big Idea." *Fortune,* June 29, 2017. http://fortune.com/2017/06/29/universal-basic-income-free-money-silicon-valley/.
- Dooley, David, Ralph Catalano, and Georjeanna Wilson. "Depression and Unemployment: Panel Findings from the Epidemiologic Catchment Area Study." *American Journal of Community Psychology* 22, no.6 (December 1994): 745–65.
- Dubner, Stephen J. "Is the World Ready for a Guaranteed Basic Income?" *Freakonomics Radio* (podcast), April 13, 2016. http://freakonomics.com/podcast/mincome/.
- Dynan, Karen E., Jonathan S. Skinner, and Stephen P. Zeldes. "Do the rich Save More?" *Journal of Political Economy* 112, no.2 (2004): 397–444.
- eMarketer. "Number of Smartphone Users Worldwide from 2014 to 2020 (in Billions)." Statista, 2017. https://www.statista.com/statistics/330695/number-of-smartphone-users-worldwide/.

- Evans, David, and Anna Popova. "Do the Poor Waste Transfers on Booze and Cigarettes? No." World Bank, May 27, 2014. http://blogs.worldbank.org/impactevaluations/do-poor-waste-transfers-booze-and-cigarettes-no.
- ———. "Cash Transfers and Temptation Goods: A Review of Global Evidence." World Bank, Africa region, Office of the Chief Economist, May 2014. http://documents.worldbank.org/curated/en/617631468001808739/pdf/WPS6886.pdf.
- Facebook Blog. "Have a Taste . . ." Facebook, February 23, 2007. https://www.facebook.com/notes/facebook/have-a-taste/2245132130/.
- Fassler, Joe. "'All Labor Has Dignity': Martin Luther King, Jr.'s Fight for Economic Justice." *The Atlantic*, February 22, 2011. https://www.theatlantic.com/entertainment/archive/2011/02/all-labor-has-dignity-martin-luther-king-jrs-fight-for-economic-justice/71423/.
- Florida, richard. *The Rise of the Creative Class, Revisited.* Hachette UK, 2014.
  (『新 クリエイティブ資本論　才能が経済と都市の主役となる』リチャード・フロリダ著、井口典夫訳、ダイヤモンド社、２０１４年)
- Flowers, Andrew. "What Would Happen if We Just Gave People Money?" *FiveThirtyEight*, April 25, 2016. http://fivethirtyeight.com/features/universal-basic-income/.
- Ford, Martin. *Rise of the Robots: Technology and the Threat of a Jobless Future.* Basic Books, 2016.
  (『ロボットの脅威―人の仕事がなくなる日』マーティン・フォード著、松本剛史訳、日本経済新聞社、２０１５年)
- Frank, Robert H., and Philip J. Cook. *The Winner-Take-All Society: Why the Few at the Top Get So Much More than the Rest of Us.* Free Press, 1995.
  (『ウィナー・テイク・オール―「ひとり勝ち」社会の到来』ロバート・H・フランク、フィリップ・J・クック著、香西泰訳、日本経済新聞社、１９９８年)
- Freeland, Chrystia. "The Rise of the Winner-Take-All Economy." Reuters, June 20, 2013. http://www.reuters.com/article/us-column-freeland/column-the-rise-of-the-winner-take-all-economy-idUSBRE95J0WL20130620.

- Friedman, Milton. *Capitalism and Freedom.* The University of Chicago Press, 1962.
  (『資本主義と自由』ミルトン・フリードマン著、村井章子訳、日経ＢＰクラシックス、２００８年)
- Furman, Jason. "Is This Time Different? The Opportunities and Challenges of Artificial Intelligence." July 7, 2016. https://obamawhitehouse.archives.gov/sites/default/files/page/files/20160707_cea_ai_furman.pdf.
- Giffi, Craig, Jennifer McNelly, Ben Dollar, Gardner Carrick, Michelle Drew, and Bharath Gangula. "The Skills Gap in U.S. Manufacturing: 2015 and Beyond." Manufacturing Institute, 2015. http://www.themanufacturinginstitute.org/~/media/827DBC76533942679A15EF7067A704CD.ashx.
- GiveDirectly. "Our Financials." Accessed November 9, 2017. https://give directly.org/financials.
- GiveWell. "The Case for the Clear Fund." GiveWell Business Plan, April 7, 2007. http://files.givewell.org/files/ClearFund/Clear%20Fund%20Detailed%20Case.pdf.
- Goodman, Peter S. "After Training, Still Scrambling for Employment." *New York Times,* July 18, 2010. http://www.nytimes.com/2010/07/19 /business/19training.html.
- Greenstein, Robert, John Wancheck, and Chuck Marr. "Reducing Overpayments in the Earned Income Tax Credit." Center on Budget and Policy Priorities, January 11, 2017. https://www.cbpp.org/research/federal-tax/reducing-overpayments-in-the-earned-income-tax-credit.
- Hacker, Jacob S., and Paul Pierson. *Winner-Take-All Politics: How Washington Made the Rich Richer—and Turned Its Back on the Middle Class.* Simon & Schuster, 2010.
- Harvey, Paul. "Cash Transfers: Only 6% of Humanitarian Spending—What's the Hold up?" *The Guardian,* January 22, 2016. https://www.theguardian.com/global-development-professionals-network/2016/jan/22/cash-transfers-only-6-of-humanitarian-spending-whats-the-hold-up.
- Haushofer, Johannes, and Jeremy Shapiro. "The Short-Term Impact of Unconditional Cash Transfers to the Poor: Experimental

Evidence from Kenya." *Quarterly Journal of Economics* 131, no.4 (July 2016): 1973–2042.

- Hind, Dan. "Economics after Scarcity." Aljazeera.com, May 16, 2012. http://www.aljazeera.com/indepth/opinion/2012/05/201251465149622626.html.
- Hipple, Steven F. "People Who Are Not in the Labor Force: Why Aren't They Working?" Bureau of Labor Statistics, December 2015. https://www.bls.gov/opub/btn/volume-4/people-who-are-not-in-the-labor-force-why-arent-they-working.htm.
- Hollingsworth, Alex J., Christopher J. Ruhm, and Kosali Ilayperuma Simon. "Macroeconomic Conditions and Opioid Abuse." Working Paper no. w23192, National Bureau of Economic research, February 27, 2017. https://ssrn.com/abstract=2924282.
- Hoynes, Hilary W., Douglas L. Miller, and David Simon. "The EITC: Linking Income to Real Health Outcomes." Center for Poverty Research, University of California, Davis, 2013. https://poverty.ucdavis.edu/policy-brief/linking-eitc-income-real-health-outcomes.
- ———. "Income, the Earned Income Tax Credit, and Infant Health." Working Paper no. 18206, National Bureau of Economic Research, July 2012. http://www.nber.org/papers/w18206.pdf.
- IGM Forum. "Robots." University of Chicago Booth School of Business, 2014. http://www.igmchicago.org/surveys/robots.
- IMF Fiscal Monitor. "Tackling Inequality." International Monetary Fund, October 2017. http://www.imf.org/en/Publications/FM/Issues/2017/10 /05/fiscal-monitor-october-2017.
- International Rescue Committee. "The IRC's Cash Strategy, 2015–2020." Infosheet. https://rescue.app.box.com/s/pawbfkvwqd9lz39ff1bh9ewlgdtet5aw
- Karnofsky, Holden. "Should I Give out Cash in Mumbai?" GiveWell Blog, December 8, 2011. http://blog.givewell.org/2010/09/08/should-i-give-out-cash-in-mumbai/.
- Katz, Lawrence F., and Alan B. Krueger. "The Rise and Nature of Alternative Work Arrangements in the United States, 1995–2015 [Draft]." National Bureau of Economic Research, September 2016. http://data space.princeton.edu/jspui/bitstream/88435/dsp01zs25xb933/3/603.pdf.

- Kaufman, Burton Ira. *The Carter Years.* Infobase Publishing, 2009.
- King, Martin Luther, Jr. "remaining Awake Through a Great Revolution." Speech, Washington, D.C., March 31, 1968. Accessed at King Encyclopedia (Stanford University). http://kingencyclopedia.stanford.edu/encyclopedia/documentsentry/doc_remaining_awake_through_a_great_revolution.1.html.
- ———. *Where Do We Go from Here: Chaos or Community?* Beacon Press, 2010.
- Komaromy, Carol, Moyra Sidell, and Jeanne Katz. "Death and Dying in Residential and Nursing Homes for Older People." *International Journal of Palliative Nursing* 6, no.4 (2000): 192–200.
- Lamont, Michèle. *The Dignity of Working Men: Morality and the Boundaries of Race, Class, and Immigration.* Harvard University Press, 2009.
- Lebergott, Stanley. "Annual Estimates of Unemployment in the United States, 1900–1954." National Bureau of Economic Research, 1957, 211–42. http://www.nber.org/chapters/c2644.pdf.
- Lenahan, Jim, Lindsay Deutsch, Katrease Stafford, Scott Goss, and Joel Baird. "Hear Stories of People Living on Minimum Wage." *USA Today,* October 16, 2015. https://www.usatoday.com/story/money/nation-now/2015/10/16/hear-stories-people-living-minimum-wage/73525 412/.
- Lewis, Michael. "Don't Eat Fortune's Cookie." Baccalaureate remarks, Princeton University, June 3, 2012. https://www.princeton.edu/news/2012/06/03/princeton-universitys-2012-baccalaureate-remarks.
- Liem, ramsay, and Joan Huser Liem. "Psychological Effects of Unemployment on Workers and Their Families." *Journal of Social Issues,* January 1988.
- Locke, Laura. "The Future of Facebook." *Time,* July 17, 2007. phrase: http://content.time.com/time/business/article/0,8599,1644040,00.html.
- Lowrey, Annie. "Changed Life of the Poor: Better Off, but Far Behind." *New York Times,* April 30, 2014. https://www.nytimes.

com/2014/05/01 /business/economy/changed-life-of-the-poor-squeak-by-and-buy-a-lot.html.

- MacDonald, Lawrence. "Evaluating the Millennium Villages: Michael Clemens and Gabriel Demombynes." Center for Global Development, October 12, 2010. https://www.cgdev.org/blog/evaluating-millennium-villages-michael-clemens-and-gabriel-demombynes.
- Manoli, Dayanand S., and Nicholas Turner. "Cash-on-Hand and College Enrollment: Evidence from Population Tax Data and Policy Nonlinearities." Working Paper no. 19836, National Bureau of Economic Research, April 2016. http://www.nber.org/papers/w19836.
- Manyika, James, Jacques Bughin, Susan Lund, Jan Mischke, Kelsey Robinson, and Deepa Mahajan. "Independent Work: Choice, Necessity, and the Gig Economy." McKinsey Global Institute, October 2016. https://www.mckinsey.com/global-themes/employment-and-growth/indepen dent-work-choice-necessity-and-the-gig-economy.
- Marinescu, Ioana. "No Strings Attached: The Behavioral Effects of U.S. Unconditional Cash Transfer Programs." Roosevelt Institute, May 11, 2017. http://rooseveltinstitute.org/no-strings-attached/.
- Marr, Chuck, Chye-Ching Huang, Arloc Sherman, and Brandon Debot. "EITC and Child Tax Credit Promote Work, Reduce Poverty, and Support Children's Development, Research Finds." Center on Budget and Policy Priorities, October 1, 2015. https://www.cbpp.org/research/federal-tax/eitc-and-child-tax-credit-promote-work-reduce-poverty-and-support-childrens?fa=view&id=3793.
- Mason, J. W. "What Recovery? The Case for Continued Expansionary Policy at the Fed." roosevelt Institute, July 25, 2017. http://rooseveltinstitute.org/what-recovery/.
- Matthews, Dylan. "The 2 Most Popular Critiques of Basic Income Are Both Wrong." *Vox,* July 20, 2017. https://www.vox.com/policy-and-politics/2017/7/20/15821560/basic-income-critiques-cost-work-negative-income-tax.
- ———. "Basic Income: The World's Simplest Plan to End Poverty, Explained." *Vox,* April 25, 2016. http://fivethirtyeight.com/features/universal-basic-income/.
- ———. "A New Study Debunks One of the Biggest Arguments against Basic Income." *Vox,* September 20, 2017. https://www.vox.

com/policy-and-politics/2017/9/20/16256240/mexico-cash-transfer-inflation-basic-income.

- ———. "Study: A Universal Basic Income Would Grow the Economy." *Vox,* August 30, 2017. https://www.vox.com/policy-and-politics/2017/8/30/16220134/universal-basic-income-roosevelt-institute-economic-growth.
- Maxfield, Michelle. "The Effects of the Earned Income Tax Credit on Child Achievement and Long-Term Educational Attainment." Michigan State University Job Market Paper, November 14, 2013.
- Mettler, Suzanne. *The Submerged State: How Invisible Government Policies Undermine American Democracy.* University of Chicago Press, 2011.
- Michelmore, Katherine. "The Effect of Income on Educational Attainment: Evidence from State Earned Income Tax Credit Expansions." SSrN Working Paper 2356444, August 2013.
- Millennium Promise, "Millennium Promise 2010 Annual Report." 2010. http://www.millenniumvillages.org/uploads/ReportPaper/MP-2010-Annual-report—Complete—FINAL.pdf.
- Milligan, Kevin, and Mark Stabile. "Do Child Tax Benefits Affect the WellBeing of Children? Evidence from Canadian Child Benefit Expansions." *American Economic Journal: Economic Policy* 3, no.3 (August 2011): 175–205.
- Mishel, Lawrence, and Jessica Schieder. "CEOs Make 276 Times More than Typical Workers." Economic Policy Institute, August 3, 2016. http://www.epi.org/publication/ceos-make-276-times-more-than-typical-workers/.
- Moore, Antonio. "America's Financial Divide: The Racial Breakdown of U.S. Wealth in Black and White." *Huffington Post,* April 13, 2015. https://www.huffingtonpost.com/antonio-moore/americas-financial-divide_b_7013330.html.
- Morduch, Jonathan, and Rachel Schneider. *The Financial Diaries: How American Families Cope in a World of Uncertainty.* Princeton University Press (Kindle Edition), 2017.
- ———. "The Power of Predictable Paychecks." *The Atlantic,* May 24, 2017. https://www.theatlantic.com/business/archive/2017/05/financial-diaries-predictable-paychecks/527100/.

- Moynihan, Daniel P. *The Politics of a Guaranteed Income: The Nixon Administration and the Family Assistance Plan.* random House, 1973.
- Mullainathan, Sendhil, and Eldar Shafir. *Scarcity: The New Science of Having Less and How It Defines Our Lives.* Times Books, 2013.（『いつも「時間がない」あなたに：欠乏の行動経済学』センディル・ムッライナタン、エルダー・シャフィール著、太田直子訳、ハヤカワ・ノンフィクション文庫、２０１７年）
- Munk, Nina. *The Idealist: Jeffrey Sachs and the Quest to End Poverty.* Doubleday, 2013.
- National Alliance for Caregiving and AARP. "Caregiving in the U.S. 2015." July 2015. http://www.caregiving.org/caregiving2015/.
- National Center for Education Statistics. "Eastern Gateway Community College." College Navigator. Accessed October 30, 2017. https://nces.ed.gov/collegenavigator/?q=Eastern+Gateway+Community+College &s=all&id=203331.
- New America. "Monopoly and Inequality." Open Markets. Accessed November 9, 2017. https://www.newamerica.org/open-markets/understanding-monopoly/monopoly-and-inequality/.
- Nikiforos, Michalis, Marshall Steinbaum, and Gennaro Zezza. "Modeling the Macroeconomic Effects of a Universal Basic Income." Roosevelt Institute, August 2017. http://rooseveltinstitute.org/wp-content/uploads /2017/08/Modeling-the-Macroeconomic-Effects-of-a-Universal-Basic-Income.pdf.
- Nixon, Richard. "Address to the Nation on Domestic Programs." Speech, August 8, 1969. Accessed at American Presidency Project. http://www.presidency.ucsb.edu/ws/?pid=2191.
- O'Donovan, Caroline, and Jeremy Singer-Vine. "How Much Uber Drivers Actually Make Per Hour." *BuzzFeed,* June 23, 2016. https://www.buzzfeed.com/carolineodonovan/internal-uber-driver-pay-numbers.
- Oransky, Ivan. "Millennium Villages Project Forced to Correct Lancet Paper on Foreign Aid as Leader Leaves Team." Retraction Watch, May 31, 2012. http://retractionwatch.com/2012/05/31/millennium-villages-project-forced-to-correct-lancet-paper-on-foreign-aid-as-leader-leaves-team/.

- Our World in Data. "Price Changes in Consumer Goods and Services in the USA, 1997–2017." November 7, 2017. https://ourworldindata.org/grapher/price-changes-in-consumer-goods-and-services-in-the-usa-1997-2017.
- Oxfam America and Economic Policy Institute. "Few Rewards: An Agenda to Give America's Working Poor A raise." 2016. https://www.oxfamamerica.org/static/media/files/Few_Rewards_Report_2016_web.pdf.
- Painter, Anthony, and Chris Thoung. "Creative Citizen, Creative State: The Principled and Pragmatic Case for a Universal Basic Income." *RSA,* December 2015. https://www.thersa.org/globalassets/reports/rsa_basic_income_20151216.pdf.
- Pew Research Center. "Public Trust in Government, 1958-2017." May 3, 2017. http://www.people-press.org/2017/05/03/public-trust-in-government-1958-2017/).
- Paul, Mark, William Darity Jr., Darrick Hamilton, and Anne E. Price. "Returning to the Promise of Full Employment: A Federal Job Guarantee in the United States." Insight Center for Community Economic Development, June 2017. https://insightcced.org/wp-content/uploads/2017/06/insight_fjg_brief_2017.pdf.
- Pew Charitable Trusts. "Americans' Financial Security." Financial Security and Mobility, March 2015. http://www.pewtrusts.org/~/media/assets/2015/02/fsm-poll-results-issue-brief_artfinal_v3.pdf.
- Picchi, Aimee. "Vast Number of Americans Live Paycheck to Paycheck." *CBS News,* August 24, 2017. https://www.cbsnews.com/news/americans-living-paycheck-to-paycheck/.
- Piven, Frances Fox, and Richard A. Cloward. *Regulating the Poor: The Functions of Public Welfare.* Random House (Kindle Edition), 1971.
- P.K. "Who Are the One Percent in the United States by Income and Net Worth?" DQYDJ, November 27, 2017. https://dqydj.com/who-are-the-one-percent-united-states/.
- Pofeldt, Elaine. "Shocker: 40% of Workers Now Have 'Contingent' Jobs, Says U.S. Government." *Forbes,* May 25, 2015. https://www.forbes.com/sites/elainepofeldt/2015/05/25/shocker-40-of-workers-now-have-contingent-jobs-says-u-s-government/#3125467714be.

- Poo, Ai-jen. *The Age of Dignity: Preparing for the Elder Boom in a Changing America.* New Press, 2016.
- Price, Anne. "Universal Basic Income: Reclaiming Our Time for Racial Justice." *Medium,* October 31, 2017. https://medium.com/@InsightCCED/universal-basic-income-reclaiming-our-time-for-racial-justice-45de349ea06f.
- Putnam, Robert. *Bowling Alone: The Collapse and Revival of American Community.* Simon & Schuster, 2001. (『孤独なボウリング―米国コミュニティの崩壊と再生』ロバート・D・パットナム著、柴内康文訳、柏書房、２００６年)
- Rachidi, Angela. "America's Work Problem: How Addressing the reasons People Don't Work Can Reduce Poverty." American Enterprise Institute, July 2016. http://www.aei.org/wp-content/uploads/2016/07/Americas-Work-Problem.pdf.
- Ravanera, Carmina. "The Town with No Poverty: Health Effects of Guaranteed Annual Income." Population Change and Lifecourse Strategic Knowledge Cluster Population Studies Centre, Social Science Centre, University of Western Ontario, November 2012. http://sociology.uwo.ca/cluster/en/documents/research%20Briefs/PolicyBrief10.pdf.Rehkopf,
- David H., Kate W. Strully, and William H. Dow. "The ShortTerm Impacts of Earned Income Tax Credit Disbursement on Health." *International Journal of Epidemiology* 43, no.6 (December 1, 2014): 1884–94.
- Reich, Robert B. *Saving Capitalism: For the Many, Not the Few.* Knopf Doubleday Publishing Group (Kindle Edition), 2016. (『最後の資本主義』ロバート・B・ライシュ著、雨宮寛、今井章子訳、東洋経済新報社、２０１６年)
- Rolf, David. "Why Would a Labor Leader Support a Universal Basic Income?" *Medium,* December 12, 2016. https://medium.com/economicsecproj/why-would-a-labor-leader-support-a-universal-basic-income-22d9d37e1514#.qbdr3co1b.
- Saez, Emmanuel, and Gabriel Zucman. "Wealth Inequality in the United States Since 1913: Evidence from Capitalized Income Tax Data." Working Paper 20625, National Bureau of Economic research, October 2014. http://gabriel-zucman.eu/files/SaezZucman2014.pdf.
- Salary.com. "North Carolina Physician-Generalist Salaries." October 30, 2017. http://www1.salary.com/NC/Physician-Generalist-salary.html.

- Salpukas, Agis. "Young Workers Disrupt Key G.M. Plant." *New York Times,* January 23, 1972. http://www.nytimes.com/1972/01/23/archives/young-workers-disrupt-key-gm-plant-young-workers-disrupt-plant-on.html?_r=0.
- Santens, Scott. "Basic Income FAQ." Reddit, October 27, 2017. https://www.reddit.com/r/BasicIncome/wiki/index.
- Schwartz, Nelson D. "Gap Widening as Top Workers Reap the Raises." *New York Times,* July 24, 2015. https://www.nytimes.com/2015/07/25/business/economy/salary-gap-widens-as-top-workers-in-specialized-fields-reap-rewards.html.
- Semuels, Alana. "Poor at 20, Poor for Life." *The Atlantic,* July 14, 2016. https://www.theatlantic.com/business/archive/2016/07/social-mobility-america/491240/.
- Shultz, David. "A Bit of Cash Can Keep Someone Off the Streets for 2 Years or More." *Science,* August 11, 2016. http://www.sciencemag.org/news/2016/08/bit-cash-can-keep-someone-streets-2-years-or-more.
- Singer, Peter. *The Life You Can Save: Acting Now to End World Poverty.* Random House (Kindle Edition), 2009.
（『あなたが救える命　世界の貧困を終わらせるために今すぐできること』ピーター・シンガー著、児玉聡、石川涼子訳、勁草書房、２０１４年）
- Soergel, Andrew. "Mnuchin 'Not At All' Worried About Automation Displacing Jobs." *U.S. News,* March 24, 2017. https://www.usnews.com/news/articles/2017-03-24/steven-mnuchin-not-at-all-worried-about-automation-displacing-jobs.
- Sommeiller, Estelle, Mark Price, and Ellis Wazeter. "Income Inequality in the U.S. by State, Metropolitan Area, and County." Economic Policy Institute, June 16, 2016. http://www.epi.org/publication/income-inequality -in-the-us/.
- Spross, Jeff. "You're Hired!" *Democracy: A Journal of Ideas* no.44 (Spring 2017). http://democracyjournal.org/magazine/44/youre-hired/.
- Stern, Andy. *Raising the Floor: How a Universal Basic Income Can Renew Our Economy and Rebuild the American Dream.* PublicAffairs, 2016.
- Stewart, James B. "Facebook Has 50 Minutes of Your Time Each Day. It Wants More." *New York Times,* May 5, 2016. https://www.

nytimes.com/2016/05/06/business/facebook-bends-the-rules-of-audience-engagement-to-its-advantage.html.

- Tabuchi, Hiroko. "Walmart to End Health Coverage for 30,000 PartTime Workers." *New York Times,* October 7, 2014. https://www.nytimes.com/2014/10/08/business/30000-lose-health-care-coverage-at-walmart.html.
- Tanner, Michael. "The Pros and Cons of a Guaranteed National Income." *CATO Institute* no. 773 (May 12, 2015). https://object.cato.org/sites/cato.org/files/pubs/pdf/pa773.pdf.
- Taplin, Jonathan. "Is It Time to Break Up Google?" *New York Times,* April 22, 2017. https://www.nytimes.com/2017/04/22/opinion/sunday/is-it-time-to-break-up-google.html.
- Thigpen, David E. "Universal Income: What Is It, and Is It right for the U.S.?" Roosevelt Institute, October 2016. http://rooseveltinstitute.org /wp-content/uploads/2016/10/UBI-Explainer_Designed.pdf.
- U.S. Census Bureau. "Gini Index of Money Income and EquivalenceAdjusted Income: 1967 to 2014." September 16, 2015. https://www.census.gov/library/visualizations/2015/demo/gini-index-of-money-income-and-equivalence-adjusted-income—1967.html.
- ———. "Household Income in the Past 12 Months (in 2016 Inflation-Adjusted Dollars)." American Community Survey 1-Year Estimates, 2016. https://factfinder.census.gov/faces/tableservices/jsf/pages/productview.xhtml?pid=ACS_16_1YR_B19001&prodType=table.
- ———. "People in Households-Households, by Total Money Income, Age, Race and Hispanic Origin of Householder." Current Population Survey, August 10, 2017. https://www.census.gov/data/tables/time-series/demo/income-poverty/cps-hinc/hinc-03.html.
- U.S. Department of Labor. "Providing Public Workforce Services to Job Seekers: 15-Month Impact Findings on the WIA Adult and Dislocated Worker Programs." Employment & Training Administration, November 8, 2016. https://wdr.doleta.gov/research/keyword.cfm?fuseaction=dsp_resultDetails&pub_id=2586&mp=y.
- ———. "Working Mothers Issue Brief." Women's Bureau, June 2016. https://www.dol.gov/wb/resources/WB_WorkingMothers_508_FinalJune13.pdf.

- U.S. Federal Reserve, Division of Research and Statistics. "Changes in U.S. Family Finances from 2013 to 2016: Evidence from the Survey of Consumer Finances." *Federal Reserve Bulletin,* September 2017. https:// www.federalreserve.gov/publications/files/scf17.pdf.
- Van Parijs, Philippe. "Basic Income: A Simple and Powerful Idea for the Twenty-First Century." *Politics & Society* 32, no.1 (March 1, 2014). http://journals.sagepub.com/doi/pdf/10.1177/0032329203261095.
- Van Parijs, Philippe, and Yannick Vanderborght. *Basic Income: A Radical Proposal for a Free Society and a Sane Economy.* Harvard University Press, 2017.
- Velasquez-Manoff, Moises. "What Happens When the Poor Receive a Stipend?" *New York Times,* January 18, 2014. https://opinionator.blogs.nytimes.com/2014/01/18/what-happens-when-the-poor-receive-a-sti pend/?_php=true&_type=blogs&_r=2.
- Vo, Lam Thuy, and Josh Zumbrun. "Just How Good (or Bad) Are All the Jobs Added to the Economy Since the Recession?" *Wall Street Journal,* May 11, 2016. https://blogs.wsj.com/economics/2016/05/11/just-how-good-or-bad-are-all-the-jobs-added-to-the-economy-since-the-recession/.
- Waddell, Gordon, and A. Kim Burton. "Is Work Good for Your Health and Well-Being?" U.K. Department for Work and Pensions, January 1, 2006. https://www.gov.uk/government/publications/is-work-good-for-your-health-and-well-being.
- Warren, Dorian T. "Universal Basic Income and Black Communities in the United States." 2016. https://drive.google.com/file/d/0BzQSUaxtfgvIWmrMVEhCdS1nR1hYV2RpelB4TkJVbUtSZXo4/view.
- Wartzman, Rick. *The End of Loyalty: The Rise and Fall of Good Jobs in America.* PublicAffairs, 2017.

———. "Populists Want to Bring Back the Blue-Collar Golden Age. But Was It really So Golden?" *LA Times,* June 15, 2017. http://beta.latimes.com/opinion/op-ed/la-oe-wartzman-blue-collar-age-20170615-story.html.

- Weissmann, Jordan. "Why Poverty Is Still Miserable, Even If Everybody Can Own an Awesome Television." *Slate,* May 1, 2014. http://www.slate.com/blogs/moneybox/2014/05/01/why_poverty_is_still_miserable_cheap_consumer_goods_don_t_improve_your_long.html.

- Weller, Chris. "Here's More Evidence That Giving People Unconditional Free Money Actually Works." *Business Insider,* July 25, 2016. http://www.businessinsider.com/what-is-basic-income-2016-7.
- ———. "Paying People to Climb out of Poverty Would Work If Billionaires Get Involved." *Business Insider,* November 29, 2016. http://www.businessinsider.com/poverty-cash-transfers-half-annual-foreign-aid-2016-11.
- Whitehurst, Grover J. (Russ). "Family Support or School Readiness? Contrasting Models of Public Spending on Children's Early Care and Learning." Brookings Institution, April 28, 2016. https://www.brookings.edu/research/family-support-or-school-readiness-contrasting-models-of-public-spending-on-childrens-early-care-and-learning/.
- Widerquist, Karl, Jose A. Noguera, Yannick Vanderborght, and Jurgen De Wispelaere, eds. *Basic Income: An Anthology of Contemporary Research.* Wiley-Blackwell, 2013.
- Williams, Geoff. "The Hidden Costs of Moving." *U.S. News,* April 30, 2014. https://money.usnews.com/money/personal-finance/articles/2014/04/30/the-hidden-costs-of-moving.
- World Food Programme. "Cash-Based Transfer for Delivering Food Assistance." Cash-Based Transfers Factsheet, April 2017. http://documents.wfp.org/stellent/groups/public/documents/communications/wfp284171.pdf?_ga=2.147298738.421457413.1501242755-996685541.1501242755.
- Yamamori, Toru. "Christopher Pissarides, a Nobel Laureate, Argues for UBI at the World Economic Forum at Davos." Basic Income Earth Network, February 6, 2016. http://basicincome.org/news/2016/02/international-christopher-pissarides-a-nobel-economist-argues-for-ubi-at-a-debate-in-davos/.
- Zuckerberg, Mark. "2017 Harvard Commencement Speech." Harvard University, May 25, 2017. https://www.facebook.com/notes/mark-zuckerberg/harvard-commencement-2017/10154853758606634/.

原注

はじめに

1▽課税・経済政策研究所の推計によると、年収5万ドル未満の世帯で暮らすすべての成人に月５００ドルを支給する、拡大版の勤労所得税額控除（ＥＩＴＣ）は、１８５０万人を貧困から救うという。これは、補完的貧困値（Supplemental Poverty Measure）を用い、同研究所の独自モデルによって算出された数字である。つまり現行のＥＩＴＣよりも１１００万人多くの人が貧困から救われる計算になる。カリフォルニア予算・政策研究センターの全国モデルも同様の結論に達し、この規模の給付金は１９９０万人を貧困から救うと推計している。どちらのモデルも著者の要請により作成されたものであり、この政策を支持するものではない。以下を参照のこと。https://itep.org and http://calbudgetcenter.org/.

第2章

1▽所得不平等も１９７３年に過去最低を記録している。これは政府の影響力が増していたことと無関係なできごとではない。以下を参照のこと。U.S. Census Bureau, "Gini Index of Money Income."

2▽Pew research Center, "Public Trust in Government, 1958-2017."

3▽ジェイコブ・ハッカーとポール・ピアソンは著書の中で、この重要な瞬間についてくわしく説明している。以下を参照のこと。Hacker and Pierson, *Winner-Take-All Politics*, 96.

4▷eMarketer, "Number of Smartphone Users Worldwide."
5▷Apple Inc., "2017 Supplier List."
6▷Stewart, "Facebook Has 50 Minutes of Your Time Each Day."
7▷Locke, "The Future of Facebook."
8▷Taplin, "Is It Time to Break Up Google?"
9▷Cambridge Associates LLC, "US Private Equity Funds return 0.2%."
10▷Cornell, "Startup Funding."
11▷Freeland, "Rise of the Winner-Take-All Economy."
12▷Frank and Cook, *The Winner-Take-All Society.*
13▷Lewis, "Don't Eat Fortune's Cookie."
14▷Zuckerberg, "2017 Harvard Commencement Speech."
15▷P.K., "Who Are the One Percent?" 上位1%の定義にはさまざまある。個人単位または世帯単位の所得で見るのか、個人単位または世帯単位の保有資産で見るのかなど。この本では保有資産1000万ドルまたは年収25万ドルを超える、アメリカの最も裕福な人々を示す幅広い用語として、「1%の人たち」を用いることにする。
16▷Salary.com, "North Carolina Physician-Generalist Salaries."
17▷American Federation of Labor and Congress of Industrial Organizations, "Highest-Paid CEOs"; Mishel and Schieder, "CEOs Make 276 Times More than Typical Workers."
18▷Moore, "America's Financial Divide."
19▷New America, "Monopoly and Inequality."
20▷Saez and Zucman, "Wealth Inequality in the United States Since 1913."
21▷Lebergott, "Annual Estimates of Unemployment in the United States, 1900–1954."

22▽Wartzman, *End of Loyalty*, 105–107.

23▽この理由は、アメリカの物語や歴史を書く人たちが、この時期の労働市場に最も恩恵を受けた人口階層、つまり白人男性である場合が多いからではないかと思われる。以下を参照のこと。Wartzman, “Populists Want to Bring Back the Blue-Collar Golden Age”; and Oxfam America and Economic Policy Institute, “Few Rewards.”

24▽Wartzman, *End of Loyalty*, 5.

25▽Baab-Muguira, “Millennials Are Obsessed with Side Hustles.”

26▽Manyika et al., “Independent Work.”

27▽Pofeldt, “Shocker: 40% of Workers Now Have ‘Contingent’ Jobs.”

28▽Katz and Krueger, “Rise and Nature of Alternative Work Arrangements.”

29▽Dews, “Charts of the Week”; Vo and Zumbrun, “Just How Good (or Bad) Are All the Jobs Added?”; Picchi, “Vast Number of Americans Live Paycheck to Paycheck.”

30▽Campbell, “RSG 2017 Survey Results.”

31▽O’Donovan and Singer-Vine, “How Much Uber Drivers Actually Make Per Hour.”

32▽Hind, “Economics after Scarcity.”

33▽Tabuchi, “Walmart to End Health Coverage for 30,000.”

34▽Salpukas, “Young Workers Disrupt Key G.M. Plant.”

第3章

1▽Munk, *The Idealist*, 47.

2▽Ibid., 201.

3▽MacDonald, “Evaluating the Millennium Villages.”

4▽Clemens, "Millennium Villages Evaluation Debate Heats Up."

5▽Oransky, "Millennium Villages Project Forced to Correct."

6▽Munk, *The Idealist*, 199.

7▽Millennium Promise, "Millennium Promise 2010 Annual report," 46.

8▽GiveWell, "Case for the Clear Fund.

9▽Karnofsky, "Should I Give out Cash in Mumbai?"

10▽Singer, *The Life You Can Save*, Loc. 128.

11▽ほとんどのケニア人は、基本的必需品はなくともＳＩＭカードはもっている。これがあればどんな携帯電話にも装着して、テキストメッセージのやりとりと通話、送受金ができる。受給者支給額の一部を使って、ギブ・ダイレクトリーから携帯電話機を購入することもできる。

12▽Weller, "Here's More Evidence."

13▽Haushofer and Shapiro, "Short-Term Impact of Unconditional Cash."

14▽Bastagli et al., "Cash Transfers: What Does the Evidence Say?"

15▽Evans and Popova, "Cash Transfers and Temptation Goods."

16▽World Food Programme, "Cash-Based Transfer for Delivering Food Assistance." また、現金給付には、地域市場を強化することによって、寄付者・受益者の構造を破壊する効果もある。もしも援助団体がアメリカのピーナッツバターを無料で配布するだけなら、地域のピーナッツ農家が作物に投資する意味はないだろう。強靭で持続可能な経済を築くには、商品の市場を創出するのが一番だ。市場参加者の購買力が高まれば、市場での商品の売買が盛んになり、地域の企業が事業に投資し、拡大を図る強力なインセンティブが働く。

17▽International Rescue Committee, "The IRC's Cash Strategy, 2015-2020."

18▽Harvey, "Cash Transfers: Only 6% of Humanitarian Spending."

19▽ GiveDirectly, “Our Financials.”

第4章

1▽生活不安定層（プレカリアート）とは、「不安定（precarious）」と「賃金労働者階級（proletariat）」を組み合わせた造語で、失業と半就労を頻繁に繰り返し、不安定な生活を強いられている新しい社会階級を指す。この用語を広めたのはイギリスの経済学者ガイ・スタンディングの２０１１年の同名の著書（邦訳は『プレカリアート：不平等社会が生み出す危険な階級』ガイ・スタンディング著、岡野内正訳、法律文化社、２０１６年）だが、もとは１９８０年代にフランスの社会学者たちが、ヨーロッパ全体での不安定な雇用の急増に目を留めてつくった用語（précariat）である。

2▽ Soergel, “Mnuchin ‘Not At All’ Worried.”

3▽シカゴ大学ブース・スクール・オブ・ビジネスは、この分野を代表する経済学者からなる専門家委員会を設置し、「重要な公共政策上の問題に関して、経済学者がどの程度同意しているかを一般の人々に知らせる」ための調査を時折実施している。２０１４年の調査で、「アメリカでは自動化の進展による雇用の損失は見られない」という記述に対し、88％の経済学者が同意した。どちらともいえないと答えた人は８％で、同意できないと答えた人は４％にとどまった。以下を参照のこと。IGM Forum, “Robots.”

4▽ Furman, “Is This Time Different?”

5▽ The Ad Hoc Committee, “The Triple Revolution.”

6▽ Morduch and Schneider, *Financial Diaries*, 7.

7▽ Ibid., 4.

8▽ Pew Charitable Trusts, “Americans’ Financial Security.”

9▽ Morduch and Schneider, “Power of Predictable Paychecks.”

10▽ Corak, “Economic Mobility.”

11▷DeParle, "Harder for Americans to Rise From Lower Rungs."
12▷Quoted in Semuels, "Poor at 20, Poor for Life."
13▷Andres, "Does the Middle Class Life Cost More?" すべての生活必需品が値上がりしているわけではない。具体的には、工業製品であれば価格が低下している可能性が高い。『ニューヨーク・タイムズ』の記者アニー・ローリーは、1980年代以降「カラーテレビの実質価格は約10分の1に急落」しており、しかもそのテレビは薄型でインターネット接続機能のあるメディアセンターなのだと指摘する。「同様に、衣類や自転車、小型電化製品、加工食品など、工場で製造されるすべてのものの価格が下降の一途をたどっている」。21世紀に生活費が上昇しているからといって、必ずしも最先端の製品が買えなくなっているわけではない。以下を参照のこと。Lowrey, "Changed Life of the Poor."
14▷Our World in Data, "Price Changes in Consumer Goods."
15▷Bloom, "It's Not Your Imagination."
16▷Weissmann, "Why Poverty Is Still Miserable."

第5章

1▷ただし年収6000ドル未満の人は、前年度の勤労所得と同額を月割りで受け取ることになる。

2▷年収5万ドルでいきなり支給額がゼロになる人工的な崖をつくらずに、給付額を「逓減」させるにはどうすればよいかという、きわめて重要な設計上の問題がある。年収4万9999ドルの仕事が増えたり、年収を5万ドル未満に収めようとする歪んだインセンティブを人々に与えるようなことがあってほしくない。著者が共同運営する経済保障プロジェクト（あとでくわしく説明する）は、最も効果的な逓減方法を提案するよう、組織を支援している。

3▷課税・経済政策研究所およびカリフォルニア予算政策センターは、補完的貧困値を用いて、2000万人弱が貧困から救われると推定している。くわしくは「はじめに」注1を参照のこと。

4▷U.S. Census Bureau, "Household Income in the Past 12 Months." この調査によると、年収5万ドル未満の4180万世帯に

は6000万人の成人が暮らしているため、おおよそのコストは3600億ドルになる。もしこのプログラムが（あとで説明するように）ＥＩＴＣの枠組みを土台にすれば、現在ＥＩＴＣに投じられている年間700億ドルの資金を流用して、このプログラムに置き換えることができるため、必要な追加財源は2900億ドルということになる。くわしい人口統計と所得データは以下を参照のこと。U.S. Census Bureau, "People in Households-Households."

5▽第8、9章で見ていくように、保証所得の土台としてＥＩＴＣの枠組みを用い、プログラムを流用することを提案する。給付額が月500ドルであれば、現在の受給者のほぼ全員が今日のＥＩＴＣから得ている金額と同額以上の給付を受け取り、圧倒的多数の人たちの給付額が大幅に増額される。しかし給付額が月150ドルに下がれば、現行のＥＩＴＣに比べて受け取る金額が減る人たちが出てくる。それは明らかに著者の意図するところではない。このような世帯を保護し、将来的にプログラムがどう変わっても、現在より給付額が減る人を出さないようにすることがきわめて重要である。

6▽Yamamori, "Christopher Pissarides, a Nobel Laureate."

第6章

1▽*Putnam, Bowling Alone,* 86.

2▽社会学者ミシェル・ラモンはブルーカラー労働者に長年にわたり聞き取り調査を行い、彼らが重労働を耐え忍ぶことに価値と意味を見出していることを明らかにした。「私が話を聞いた人たちは全体として、経済不安や肉体的な危険、何が起こるかわからない人生に負けずに『なんとか切り抜け』てうまくやっていこうとする努力が、アイデンティティになっている」と彼女は書いている。彼らは自己規律の労働倫理を生み出し、それに基づいて日々の仕事に取り組んでいる。「彼らはあきらめず、主に仕事と責務を果たすことによって、不確実性をコントロールしようとする。朝早く起き、寒いなかを出かけ、『生き延びる』ために必要なことを何でもする」。以下を参照のこと。*Lamont, Dignity of Working Men,* 23.

3▽Wadell and Burton, "Is Work Good for Your Health and Well-Being?"

4▽Liem and Liem, "Psychological Effects of Unemployment."

5▽Case and Deaton, "Rising Morbidity and Mortality in Midlife" および２０１７年の追跡評価 Case and Deaton, "Mortality and Morbidity in the 21st Century" を参照のこと。

6▽Waddell and Burton, "Is Work Good for Your Health and Well-Being?"

7▽Badel and Greaney, "Exploring the Link"; Dooley, Catalano, and Wilson, "Depression and Unemployment."

8▽Hollingsworth, Ruhm, and Simon, "Macroeconomic Conditions and Opioid Abuse."

9▽Fassler, "'All Labor Has Dignity.'"

10▽Piven and Cloward, *Regulating the Poor*, Loc. 2959.

11▽U.S. Department of Labor, "Working Mothers Issue Brief"; Bureau of Labor Statistics, "Employment Status of the Civilian Population."

12▽Spross, "You're Hired!"

13▽Paul et al., "Returning to the Promise of Full Employment."

14▽Card et al., "What Works?"

15▽有給の仕事をしていない労働年齢のアメリカ人４９００万人のうち、１６００万人が学校に在籍し、１３５０万人が家庭の事情で働いていない。以下を参照のこと。Hipple, "People Who Are Not in the Labor Force."

16▽Rachidi, "America's Work Problem."

17▽The addition of a single check box on the 1040 Dependents section would ask if the dependent is under 6 or over 70.

18▽広義の仕事に従事していることを保証所得の条件とするというアイデアは、貧困撲滅を目指した経済学者アンソニー・アトキンソンの研究を参考に、著者が構築したものだ。アトキンソンの１９３３年の造語「参加所得」も同様の考えをもとにしている。すなわち、社会への参加を条件にベーシックインカムを与えるというものである。どのようにして参加を「確認」するかという問題が、彼の提案のネックになってきた。著者の提案は次章で説明するように、保証所得を賃金労働や育児、勉学のような労働活動と関連づけるというものだ。これらの活動は、すべて確定申告で報告され、既存の監査手順によって確認されている。広義の仕事に従事することを条件とする保証所得が導入されたなら、次に行うべきはおそらくアトキンソンが提唱したような、より広義の「参加所得」に紐づけされた保証所得を確立することだろう。

19▽Poo, *Age of Dignity*, 3.

20▽Komaromy, Sidell, and Katz, "Death and Dying"; Poo, *Age of Dignity*, 31.

21▽National Alliance for Caregiving and AARP, "Caregiving in the U.S. 2015."

22▽Poo, *Age of Dignity*, 64.

23▽Ibid., 27.

24▽Bridgman et al., "Accounting for Household Production."

第7章

1▽Facebook Blog, "Have a Taste . . ."

2▽King, *Where Do We Go from Here*, 173.

3▽Barnes, *With Liberty and Dividends for All*, Loc. 70.

第8章

1▽Friedman, *Capitalism and Freedom*, 192.

2▽1960年代後半に公民権運動から生まれ、黒人解放を提唱した急進的組織、ブラックパンサー党は、保証所得の考えを提唱するようになり、党の「権利章典」である10項目計画にも盛り込んだ。

3▽King, "Remaining Awake Through a Great Revolution."

4▽Nixon, "Address to the Nation on Domestic Programs."

5▽Moynihan, *Politics of a Guaranteed Income*, 506.

6▽Ibid., 551.

7▷ Kaufman, *Carter Years*, 293.

8▷ Center on Budget and Policy Priorities, "Policy Basics."

9▷ Ibid.

10▷これらの研究は、ＥＩＴＣ受給世帯を対象に行われたものが多く、そのほかに類似の無条件現金給付プログラムを対象としたものもある。

11▷ Maxfield, "Effects of the Earned Income Tax Credit"; Manoli and Turner, "Cash-on-Hand"; Michelmore, "Effect of Income on Educational Attainment"; Milligan and Stabile, "Do Child Tax Benefits Affect the Well-Being of Children?"; Chetty, Friedman, and rockoff, "New Evidence."

12▷ Marr et al., "EITC and Child Tax Credit."

13▷ Ravanera, "Town with No Poverty"; Costello et al., "Association of Family Income"; Hoynes, Miller, and Simon, "Income, the Earned Income Tax Credit"; Hoynes, Miller, and Simon, "EITC."

14▷ Marr et al., "EITC and Child Tax Credit."

15▷ Rehkopf, Strully, and Dow, "Short-Term Impacts."

16▷ Marinescu, "No Strings Attached."

17▷ Ibid.

18▷ Sommeiller, Price, and Wazeter, "Income Inequality in the U.S."

19▷ Bregman, "Poverty Isn't a Lack of Character."

20▷ Mullainathan and Shafir, *Scarcity*, 13.

21▷ Ibid., 52.

第9章

1▷Saez and Zucman, "Wealth Inequality in the United States Since 1913."
2▷U.S. Federal Reserve, Division of Research and Statistics, "Changes in U.S. Family Finances."
3▷Dynan, Skinner, and Zeldes, "Do the Rich Save More?"; Carroll et al., "Distribution of Wealth." 経済学者Ｊ・Ｗ・メイソンが、生産性向上と景気刺激のために個人消費が必要であることを説得力豊かに論じている。以下を参照のこと。Mason, "What recovery?"
4▷Nikiforos, Steinbaum, and Zezza, "Modeling the Macroeconomic Effects."
5▷Matthews, "New Study Debunks."
6▷IMF Fiscal Monitor, "Tackling Inequality."
7▷この給付は前に説明したとおり、ＥＩＴＣを拡大するかたちで導入されるため、ＥＩＴＣの現在のコスト700億ドルを流用したうえ2900億ドルが追加で必要になり、総額で3600億ドルのコストがかかる。アメリカ国勢調査のデータによれば、18歳から65歳までの成人6000万人が、年収5万ドル未満の4200万世帯に暮らしている。これらの数字は意図的に高いものになっている。なぜなら年収5万ドル未満の世帯に住む成人の全員が、何らかのかたちで勤労し、全員が給付を受けているという前提のもとで算出されているからだ。以下を参照のこと。https://www.census.gov/data.html.
8▷Bellisle and Marzahl, "Restructuring the EITC."
9▷現行制度があまりにも複雑なせいで、25％という高い「詐取率」が懐疑派にとって格好の批判材料となっている。こうした「詐取」は、ＩＲＳ自身が指摘するように、実際には受給資格と期間が複雑なせいであることが多い。予算・政策優先事項センターのウェブサイトにも、こう記されている。「ＥＩＴＣは個人の納税者が関わる税法のなかでもとくに複雑な部分である。受給に関するＩＲＳの手引きは、難解だと広く認められている代替ミニマム税の13ページにわたる手引きの2倍近くの長さがある。ＥＩＴＣがなぜ複雑かといえば、議会が財政コストを抑えるために、給付を困窮世帯に限定しようとしたことが大きい。ＥＩＴＣの過払いは、ＥＩＴＣの複雑な規則と、複雑な家庭状況が重なった結果生じることが多い。財務省の推定によると、ＥＩＴＣの不適切な支払いの70%が、ＥＩＴＣの居住や関係に関する複雑な要件と、既婚夫婦が（往々にして別居後に）独身者または世帯主として申告する際に生じる申告資格に関する問題、その他非慣例的な家族構成において誰が扶養児童を申告できるかという問題に起因するという」。Greenstein, Wancheck, and Marr. "Reducing Overpayments in the Earned Income Tax Credit."

10▽コーネル大学のスザンヌ・メットラー教授は、さまざまな進歩的政策を税法に忍ばせ、一般の人々にわかりづらくすることの影響について考察している。政策が目立たず紛らわしい場合、受給者がそれを理解し、擁護する可能性は低く、政府は怠慢で、一般人のために何もしてくれない、という冷めた見方をするようになる。以下を参照のこと。Mettler, *The Submerged State.*

11▽U.S. Census Bureau, "People in Households-Households."

12▽現在、２人以上の子どもがいる独身者は、所得額に応じて最大で年間６２６９ドルを受給できる。この金額をフルに受給する少数の世帯に対し、ＩＲＳは端数の２６９ドル分については毎年小切手を送付し、新規政策のせいで受給額が減額されることのないように図っている。以下を参照のこと。Center on Budget and Policy Priorities, "Policy Basics." これと同時に拡充されるべき関連政策に、児童税額控除がある。この政策が修正される場合、受給者は子どもの数に応じた金額を毎月定期的に支給されるのが適切だろう。

13▽Price, "Universal Basic Income."

14▽Florida, *Rise of the Creative Class,* 44–49.

15▽Whitehurst, "Family Support or School Readiness?"

16▽Giffi et al., "Skills Gap in U.S. Manufacturing."

17▽U.S. Department of Labor, "Providing Public Workforce Services."

18▽職業訓練プログラムが効果を上げているのは、実業界が主体的にプログラムに関わった場合である。一例として、２００２年にカリフォルニア医療施設協会は数百万ドルの州予算を得て２０００人の看護助手を訓練し、参加者の90%以上が職を得ることができた。だが同様のプログラムには物足りない結果に終わったものもある。同じ考えのもとに開発されたミシガン州の落ちこぼれ労働者ゼロプログラムは、エネルギー貯蔵や航空整備など、需要の高い職業や業界向けの訓練に特化したが、参加者の41%が1年後にまだ求職中だった。以下を参照のこと。Goodman, "After Training."

19▽就学前プログラムと同様、著者は職業訓練プログラムに対して何らイデオロギー的な異論をもたず、また今後プログラムが改善すると考えられる理由がある。オバマ政権は訓練を通して習得されるスキルと、実際に仕事を得るために必要な能力とのギャップを狭めるよう努めた。最近の連邦政府は、業界団体の協力の下で訓練を実施し、修了者は学術機関による認定を受ける手法にシフトしている。これが成功する見込みはあるが、これまでのところたしかなデータは得られていない。

20▽National Center for Education Statistics, "Eastern Gateway Community College."

21▽Williams, "Hidden Costs of Moving."

22▽Lenahan et al., "Stories of People Living on Minimum Wage."

23▽Velasquez-Manoff, "What Happens When the Poor Receive a Stipend?"

24▽Evans and Popova, "Do the Poor Waste Transfers?"

25▽Shultz, "Bit of Cash."

Profile

著

クリス・ヒューズ

CHRIS HUGHES

ハーバード大学でルームメイトのマーク・ザッカーバーグほか3人とともに、フェイスブックを創業。広報やカスタマーサービスを担当した。その後フェイスブックを去り、2008年のアメリカ大統領選挙でバラク・オバマ陣営のソーシャルメディア戦略チームを率いる。2012年、老舗のリベラル雑誌『ニュー・リパブリック』を買収し社主を務める。2016年に同社を売却後、友人のナタリー・フォスターとともにEconomic Security Project (ESP) を立ち上げる。ESPでは定期的な現金給付によって経済的に安定した生活を支援する方法を探るための研究者と活動家のネットワークづくり、画期的な経済研究への資金提供、試験プロジェクトや実証実験の支援をするほか、関連する会議やワークショップを開催している。ニューヨーク州とカリフォルニア州のスタートアップ企業の投資家／社外取締役でもある。

訳

櫻井祐子

YUKO SAKURAI

京都大学経済学部卒、オックスフォード大学大学院で経営学修士号を取得。訳書に『CRISPR 究極の遺伝子編集技術の発見』『選択の科学』(ともに文藝春秋)、『OPTION B 逆境、レジリエンス、そして喜び』(日本経済新聞出版社)、『イノベーション・オブ・ライフ』(翔泳社)、『第五の権力』『0ベース思考』『SPRINT 最速仕事術』(いずれもダイヤモンド社) などがある。

1%の富裕層のお金でみんなが幸せになる方法

実現可能な保証所得が社会を変える

2019年2月4日
第1刷発行

著者
クリス・ヒューズ

訳者
櫻井祐子

発行者
長坂嘉昭

発行所
株式会社プレジデント社
〒102-8641 東京都千代田区平河町2-16-1
電話 編集(03) 3237-3732 / 販売(03) 3237-3731

装丁・本文設計
HOLON

編集
中嶋 愛

制作
関 結香

販売
桂木栄一 高橋 徹 川井田美景 森田 巌 末吉秀樹

印刷・製本
凸版印刷株式会社

ISBN978-4-8334-2310-6

Printed in Japan